所有流浪都是归程——杜甫传

随园散人 著

江苏凤凰文艺出版社
JIANGSU PHOENIX LITERATURE AND
ART PUBLISHING, LTD

# 序言：

人生天地间，忽如远行客

红尘路远，岁月无声。

我们不过是行路之人，以过客的身份，寻找依归。

遥远的路上，有青萝小径，也有瘦马天涯；有渔舟唱晚，也有雨雪飘零。走着走着，人生就成了一个人的夜雨江湖。几点灯火，几杯淡酒，或可慰藉风尘，终究只是寂寞的旅行，或者说，寂寞的修行。

远方，是应该有诗的。

只有在诗里，世事变幻、人生起落，能于凉薄处见温暖。

于是，我们看到许多诗人，于岁月的彼岸，临风吟诵，把酒成诗。有长啸，有浅斟，有悲伤，有欢喜。一壶酒，几行诗，沧海桑田就在手中款款摇曳，妩媚而深情。

我说的是大唐，那个诗的年代。

那里，有风月故事，有诗酒田园，有风流缱绻，有霜冷长河。

因为诗，整个时代都像是安放在细雨中，些许凉意，无限华美。

回神之际，看到了那个身影。沉默而冷静，萧索而清癯。

一千多年了。他永远是那个模样，漂泊着，悲伤着，叹息着。从开元盛世出发，一路走过去，走出了繁华，遇见了兵荒马乱，遇见了岁月如冰。他走不出来，只能在那里噙着泪水感时伤世，为黎民百姓，为那个渐行渐远的盛世难过。

狷介而傲岸，沉郁而疏狂。这就是他。

他是杜甫。大笔一挥，满纸都是岁月的伤痕。

于是，后来的人们称他为诗圣，与那风流洒脱的诗仙齐名。

会当凌绝顶，一览众山小，这是他的豪迈；花径不曾缘客扫，蓬门今始为君开，这是他的悠然；当然，他也曾清高地说：丹青不知老将至，富贵于我如浮云。但是最终，他在人们心中是一个忧国忧民的诗人形象。

李白的凤愿是"愿为辅弼，使寰区大定，海县清一"，杜甫与之相似，也有"致君尧舜上，再使风俗淳"的宏伟抱负。万里河山，黎民社稷，他都赋予了深情。他向往着，以盖世才华，辅弼天下，赈济苍生。

为此，他苦苦寻觅终身，却无奈落得萧瑟。

人生于他，竟只如一场秋凉。

尽管，后来的他也曾入得仕途，但朝廷给他的只是些微末官位，食之无味弃之可惜。终于，自视甚高的他选择了自由。只不过，自由二字，固然意味着天空海阔，却也近于无所依凭。所有的日子累积起来，就成了诗里沉重的叹息。

当然，这样的叹息，为自己，也为苍生。

他是这样，既能吟风弄月，亦能悲天悯人。

他有诗人情怀，更有慈悲心肠。他疾恶如仇，对于朝廷的腐败、社会的黑暗，他都给予了无情的揭露和鞭挞。范仲淹说，先天下之忧而忧，后天下之乐而乐。杜甫便是这样，只可惜，他身份低微，大多时候只是布衣一介，笔下的悲伤与温暖，时隔多年，才终于被认可和崇敬。

杜甫的性格内涵，是丰润而饱满的。他不同于仗剑沽酒、笑傲红尘的李白，不同于不意功名、深匿于世的孟浩然，也不同于悠然写意，行到水穷、坐看云起的王维，他是惆怅而悲凉的，却又乐观地活着，以温热眼神，望着世间黎民。

他的人生可谓落魄。尽管如此，他还是活得真实而丰盛。与人相交，他始终真诚，没有半点虚情假意。"鸿雁几时到，江湖秋水多"。这样的诗句如今读来，仍能看到他秋风里的牵念。他没有风流韵事，有的只是一场至死不渝的爱情。执子之手，与子偕老。故事平淡，却足以震撼世人。

最后，人生只剩一抹残阳。他仍是慈悲的模样。

只不过，江村独归处，寂寞养残生，身影难免寥落。

所谓从容，大概就是，与残年冷月相对，可以淡然地笑着。

诗里说，人生天地间，忽如远行客。

人生，终是漂泊一场。

# 目 录
contents

## 第一卷：裘马轻狂

我们皆是行路之人。

从故乡到异乡，从少年到白头。

走着走着，风景已然看透，故人相隔千里。

就连曾经的自己，亦是音讯杳然。

### 千秋诗圣

岁月，每天都是新的，却又无比陈旧。

而我们就在这岁月里，带着自己，寂静前行。

或沉重或轻盈，或丰盛或憔悴，从最初到最后。终于发现，所谓终点，不过是来时的地方。应该说，遇见的都是风景，路过的都是沧桑。有了风雨阴晴，有了聚散离合，也便有了故事。

故事里的人们，兜兜转转，分分合合，背负许多从前，向着所谓远方。某年某月，蓦然回首，终于发现，所有前尘往事，不过是大梦一场。草青草黄，云舒云卷，就像是故事的注解，被随意留在路上。那本叫岁月的书，怎么翻都翻不到头。

总有些时光，是我们最愿意翻开，并沉湎于其中的。比如，衣带生风的魏晋；比如，风流快意的唐宋；甚至，云谲波诡的民国。所有的时光里，都有荒草蔓延，都有风雨如晦，但那些时代，却因其风情与风雅，显得格外别致和温软。

喜欢唐诗，总是对那段时光心向往之。山水渔歌，乾坤日月，繁华寥落，低唱浅斟，在那些诗句里宛然如初，却又无比遥远。终究，许多故事和情怀，去了便是去了，隔着岁月尘埃，所有的回味与寻找，少有立足的地方。事实上，即使是人生过往，只是数年，便成了旧事，想起也不过是黯然。

不管怎样，唐诗是美丽绝伦的。带着浓浓的酒香，在云月之下，在山水之间，甚至是市井人家、天涯古道，多情地招摇着。俊逸的李太白，恬淡的王摩诘，窈眇的李义山，素朴的白乐天，都在那里举着酒杯，半醉半醒。

整个大唐，似乎都在酒杯里摇摇晃晃，风情万种。

唐诗，就在辽阔的大地上肆意生长，长出了寂寞与风流。

隔着一千多年的岁月，仍能看到，飘洒如风的李白，醉意蒙眬，短歌长啸。于他，万丈红尘就是一场宿醉，浮沉起落都在酒杯里，清淡缥缈。远方，他的知己，一个叫杜甫的诗人，一边挂怀故友，一边心系苍生。

如果说李白是以梦为马，那么杜甫便是以笔为刀。在大唐盛世渐渐凋落的时候，杜甫褪去了青涩与疏狂，变得冷静而犀利。社会的动荡，百姓的疾苦，时局的混乱，朝廷的昏暗，尽数出现在他笔端，无比清晰，无比荒凉。对于黎民苍生，他始终是满含深情的。他希望，世间众生皆能活得安详。可惜，他只是个诗人，下笔再用力，也无法将一个时代从黯淡中解救出来。

尽管如此，后来的人们还是给了他足够的景仰和推崇。

他被称为"诗圣"，而他的诗则被誉为"诗史"。

人生如此，也算丰盛了。只是，这些盛誉他并不知晓。

千秋万岁名，寂寞身后事。古来如此。

这世界，我们都只是偶然经过。春花旖旎，秋月无言，刹那间故事就会画上句号。在这人间，活得坦荡，活得从容，不问声名几许，但求无愧于心，便是不负年光。

杜甫被奉为诗圣，首先是因其诗歌在整个中国文学史上的地位，其次是源于他忧国忧民的精神内涵。杜甫存世的诗作有一千四百多首，风格极其丰富，或磅礴豪放，或清新隽雅，或沉郁顿挫。与众多诗人相比，杜甫既集成传统，又开辟新风，是诗歌之集大成者。

比如律诗。律诗在杜诗中占有极重要的地位。其律诗的成就，首先在于扩大了律诗的表现范围。他不仅以律诗写应酬、咏怀、羁旅、宴游、山水，而且用律诗写时事。律诗的字数和格律都受限制，难度更大，而他却能运用自如，写得纵横恣肆，极尽变化之能事，合律而又看不出声律的束缚，对仗工整而又看不出对仗的痕迹。

风急天高猿啸哀，渚清沙白鸟飞回。

无边落木萧萧下，不尽长江滚滚来。

万里悲秋常作客，百年多病独登台。

艰难苦恨繁霜鬓，潦倒新停浊酒杯。

这首《登高》，被后来的诗人和学者推崇为"千古七律第一"，可见其诗歌创作之境界。杜甫律诗的最高成就，可以说就是在把这种体式写得浑融流转，无迹可寻，写来若不经意，使人忘其为律诗。如《春夜喜雨》："好雨知时节，当春乃发生。随风潜入夜，润物细无声。野径云俱黑，江船火独明，晓看红湿处，花重锦官城。"上四句用流水对，把春雨神韵一气写下，无声无息不期然而来，末联写一种骤然回首的惊喜，格律严谨而浑然一气。

先天的文学天赋，加上后天的不断锤炼，锻造出了惊世的才华。可以说，杜甫的语言锤炼到了炉火纯青的境界。往往，看似信手拈来的句子，却能传诵千年。比如，成语"历历在目"来自他的诗句"历历开元事，分明在眼前"，"别开生面"来自他的诗句"将军下笔开生面"。还有炙手可热、惨淡经营等词，也来自他的诗。

杜甫善于运用古典诗歌的许多体制，并加以创造性地发展。他关心民生疾苦的思想和在律诗方面所取得的成就直接影响了中唐时期元稹、白居易等人的新乐府创作。他是新乐府诗体的开路人。他的乐府诗，促成了中唐时期新乐府运动的发展。

他的五七古长篇，亦诗亦史，展开铺叙，而又着力于全篇的回旋往复，标志着中国诗歌艺术的高度成就。社会矛盾重重的宋代更是学习杜甫最兴盛的时代，出现了以杜甫为宗的江西诗派。明末清初的顾炎武等人也有明显的学杜倾向，也像杜甫一样用律诗反映当时的抗清斗争，慷慨激昂。

元稹这样评价杜甫："至于子美，盖所谓上薄风骚，下该沈、宋，言夺苏、李，气吞曹、刘，掩颜、谢之孤高，杂徐、庾之流丽，尽得古今之体势，而兼人人之所独专矣。"

秦观也有类似的看法："杜子美者，穷高妙之格，极豪逸之气，包冲淡之趣，兼俊洁之姿，备藻丽之态，而诸家之所不及焉。然不集众家之长，杜氏亦不能独至于斯也。"

清代诗人杨伦说："自六朝以来，乐府题率多模拟剽窃，陈陈相因，最为可厌。子美出而独就当时所感触，上悯国难，下痛民穷，随意立题，尽脱去前人窠臼。"

总体来说，杜甫的诗沉郁顿挫，语言精练，格律严谨，穷绝工巧，感情真挚，平实雅谈，描写深刻，细腻感人，形象鲜明。就杜诗特有的叙事风格和议论风格而言，有学者认为是受到《诗经·小雅》的影响，而其悲歌慷慨的格调，又与《离骚》相近。也有学者认为，杜诗具有仁政思想的传统精神，和司马迁的实录精神。还有观点认为杜甫诗作具有"人道主义精神"。

总之，在杜甫的诗里，有深情的悲叹，有厚重的关怀，有老泪纵横，有悲天悯人。一个诗人，倘若没有慈悲，没有大爱，是不可能被人们以"圣"字加身的。

李白豪放飘逸，总有不食人间烟火的意味。

王维恬淡清雅，也往往更喜欢沉浸于个人情怀。

而杜甫，更愿意直击世事，以敏锐和冷静的眼神，看穿世间百态和民生苦乐，再以温热之心，蘸了春秋之色，将岁月的真相呈现得淋漓尽致。他下笔如刀，就像是千余年后的鲁迅，对世间的不平与浑浊，总是着笔狠辣。但在这狠辣之中，又分明有一份深情。

杜甫的诗，无愧诗史二字。每每翻阅品读，总能在字里行间听到岁月深处的长叹。那时候，面对满目疮痍的世界，和流离失所的黎民，心如刀绞的杜甫无数次叹息着下笔。

每次下笔，都是对红尘世事的冷静解剖。

自然地，也是对万千苍生的真诚照拂。

可惜的是，一盏孤灯，照不亮乾坤。

他写《兵车行》《丽人行》，他写《哀江头》《洗兵马》，他写《三吏》《三别》，无不满含热泪，在讽喻和鞭挞统治阶级的同时，更多的是对黎民百姓惨淡生活的哀痛。安史之乱，他也曾四处流亡，彷徨度日。但是听闻官军收复失地，忍不住狂喜，如他所写：却看妻子愁何在，漫卷诗书喜欲狂。白日放歌须纵酒，青春作伴好还乡。

江山飘摇，生灵涂炭，他痛心疾首。捷报突然传来，便喜极而泣，不能自抑。可见，杜甫的忧来自于国家，喜亦是来自于国家，这就是儒家知识分子身上所具有的心忧天下的意识和责任感。

他说："安得广厦千万间，大庇天下寒士俱欢颜。"

清贫如他，心里却永远惦念着天下人。

这样慈悲的杜甫，我们无法不喜欢。

他的生平，落魄而苍凉。但是在诗意翩跹的大唐，在那段流光溢彩的时光里，他曾真实和真诚地活过，来得寂静，去得无声。他有极其丰饶的诗意，但基本交付给了那颗济世之心。心怀家国，大爱苍生，他无愧诗圣二字。

鲁迅说："杜甫似乎不是古人，就好像今天还活在我们堆里似的。"闻一多说："杜甫是四千年文化中最庄严、最瑰丽、最永久的一道光彩。"

世上疮痍，诗中圣哲；民间疾苦，笔底波澜。这便是他。

透过历史的背影，我们仍能看到他眼中噙着的泪水。

大浪淘沙，许多人，许多事，最终被湮灭了。

却也有人，历经千年，仍被人们念念不忘。

就像他，诗圣杜甫。

## 家世与出身

人间草木，世事春秋。

有凉意亦有温暖，有喧嚷亦有安宁。

我们就在这变幻莫测的世界，寻找风景，寻找自己。

真实的情况却是，走过许多路，看过许多风景，距离最初的自己越来越远。或许是世事太过凌乱，或许是时光太过沉默，漫长的路上，在聚散得失之间，我们很难做到初心不变。多年以后，想与曾经的自己对酌，竟是十分奢侈的事情。

不过，也有人在历经沧海桑田之后，仍旧明澈如初。就像那个满目沧桑的诗人，在贫寒与落魄的年月，仍旧心存无限温暖。他似乎不曾年轻，却也不曾失去悲悯之心。遥望过去，他就在那里，一路漂泊，一路坎坷。

他是杜甫，记挂苍生，亦被苍生记挂。

千年岁月，他的名字与故事不曾被磨灭。相反，历久弥新。

于是，喜欢他的人们，总愿意穿过岁月的凉，去到当年，看他苍凉的身影，看他掩上心头的血迹，执笔写下大地的沧桑与悲伤。五十九年，短暂而寥落，但足够厚重。

杜甫出身于京兆杜氏，是北方的大士族。其远祖为汉武帝有名的酷吏杜周，与唐代另一诗人杜牧同为晋代大学者、名将杜预之后。不过两支派甚远，杜甫出自杜预次子杜耽，而杜牧出自杜预少子杜尹。

杜甫是杜预（222—284）的第十三代孙。杜预为京兆杜陵人，历任曹魏尚书郎、西晋河南尹、安西军司、秦州刺史、度支尚书、镇南大将军，官至司隶校尉。逝世后，被追赠征南大将军、开府仪同三司，谥号成侯。灭吴功成之后，耽思经籍，博学多通，多有建树，被誉为"杜武库"，著有《春秋左氏经传集解》及《春秋释例》等。他是明朝之前唯一同时进入文庙和武庙之人。

杜预次子杜耽为晋凉州刺史，其孙杜逊在东晋初年迁居襄阳，是襄阳杜氏的始祖。杜甫的曾祖父杜依艺由襄阳赴任巩县县令，举家迁入巩县。历祖父杜审言、父亲杜闲，再到杜甫，杜家在巩县已是四代八十五年。杜甫的远祖为京兆杜陵人，因此他自称京兆杜甫；因他属于襄阳杜氏支派，所以史书上说他是襄州襄阳人；而他出生之地则是河南巩县。

杜甫在为其姑母所写的墓志铭里写道："远自周室，迄于圣代，传之以仁义礼智信，列之以公侯伯子男。"自杜预以来，历代祖辈大都为仕宦，因此，关于自己的家世背景，杜甫在《进雕赋表》中说，他出自奉儒守官之家，历代未坠素业。

只不过，背景终是背景。有光华，却无力量。再长远，再深厚，也未必能照见现实。祖辈的风光，未能给杜甫一个灿烂的前程。

人生的路，终要由自己来走。

离合悲欢，都要由自己来背负和承受。

生活，是真实的春秋草木，是未知的风雨兼程。

杜甫的祖父杜审言（约645—约708），字必简，其人生性狂妄，颇为时人诟病。他曾自诩，文章胜过屈原宋玉，书法胜过王羲之。

唐高宗咸亨元年（670），杜审言擢进士第，为隰城尉。后转洛阳丞。武后圣历元年（698），被贬吉州司户参军。因得罪同事郭若讷、长官周季重，受两人合谋诬陷，被定了死罪。杜审言十三岁的儿子杜并为父报仇，潜入刺杀了周季童，杜并也被侍卫武士当场杀死，事态震惊朝野，皆称杜并为孝子。有"燕许大手笔"之称的许国公苏颋，还亲自为杜并作了墓志铭。

武则天闻知此事，召杜审言入京师，因欣赏其诗文，授著作佐郎，官至膳部员外郎。后因勾结张易之兄弟，杜审言被流放边疆。不久，召回任国子监主簿、修文馆直学士。约中宗景龙二年（708）卒，赠著作郎。

杜审言生平虽多受指摘，但其才华不菲，与李峤、崔融、苏味道齐名，并称为"文章四友"，是唐代"近体诗"的奠基人之一，作品多朴素自然。其五言律诗，格律谨严。原有集，已散佚，后人辑有《杜审言诗集》。他的五律《和晋陵陆丞早春游望》，被明朝的胡应麟赞许为初唐五律第一。

独有宦游人，偏惊物候新。

云霞出海曙，梅柳渡江春。

淑气催黄鸟，晴光转绿蘋。

忽闻歌古调，归思欲沾巾。

至于杜甫的父亲，史书记载极少。其名杜闲，据元稹为杜甫所作的墓志铭所写，曾担任奉天县令；元和七年（812）编成的《元和姓纂》载，杜闲曾任武功县尉；杜甫于天宝三年（744）为其继祖母撰写的《唐故范阳太君卢氏墓志》中载，杜闲曾任兖州司马。

就母系而论，杜甫与大唐李氏皇族渊源匪浅。其外祖母崔氏，是唐太宗的曾孙女。唐太宗第十子李慎被封为纪王，任襄州刺史，与越王李贞齐名，时人将两人合称为"纪越"。后来，武则天篡位，李氏子孙被大肆屠戮，李贞起兵讨伐武氏失败，李慎受牵连入狱，后被流放岭外，死于流放途中。

当时，李慎次子李琮亦身陷囹圄。其女已嫁崔氏，但冒死入狱供馈，世人感其孝心，称其为"勤孝"。后来，李琮和两个弟弟被流放桂林，惨遭杀害。李琮的两个儿子也未能幸免于难。李琮的那个女儿，便是杜甫的外祖母。

杜甫外祖父的母亲，又是舒王李元名的女儿。李元名是唐高祖的第十八子，太宗的弟弟。武后永昌年间，被酷吏来俊臣陷害流放利州，不久被杀。后来，杜甫在夔州与高祖十六子道王李元庆的玄孙李义相遇，临别时以诗相赠，其中写道：

神尧十八子，十七王其门。
道国及舒国，实惟亲弟昆。
中外贵贱殊，余亦忝诸孙。

其中，神尧指唐高祖，道国指李元庆，舒国指李元名。

杜甫的生母崔氏，在杜甫出生后不久便去世了。因此，她从未在杜甫的文章和诗歌中被提到。崔氏去世后，杜闲续弦卢氏。在杜甫诗中提及的四个弟弟和一个妹妹，即为卢氏所生。

对于杜甫生母崔氏的名字，后来的学者有不少猜测。大概是因为，杜甫在蜀中居住近十年，笔下涉及当地无数花草，却从未提及当地人最为熟悉的海棠花，许多学者便推测，这是为了避讳。

晚唐薛能所作《海棠》诗并序首先猜测，杜甫母亲名为海棠。北宋李颀《古今诗话》推测说："杜子美母名海棠，子美讳之。故杜集中绝无海棠诗。"十七世纪，有学者更是猜测，鉴于杜闲的原配夫人为卢氏，杜甫的母亲，即崔海棠，仅仅是一名妾。

杜甫在蜀中多年，未写海棠花，或许只是偶然，后来的人们却不免借此多加猜测。可惜，历史沉默着，任你如何猜测，也终是空洞。

知道的是，杜甫诗中未曾提及母亲，却多次提及母亲族人。在梓州、阆州、夔州、潭州等地，他都曾与舅父及表弟们相遇，并写诗相赠。比如，在夔州，他在写给表弟崔公辅的诗中说"舅氏多人物"；在潭州，他赠诗给舅父崔伟，诗中写道："贤良归盛族，吾舅尽知名。"

由此可见，杜甫的母系可谓高贵。可惜，在那些血雨腥风的年月，越是出身高贵，越是难得太平。一幕幕的悲剧早已尘埃落定，杜甫从历史的罅隙中走了出来，带着与生俱来的悲悯。

岁月不语，血迹犹在。

他的诗，总带着几分沉郁和悲凉。

是目下人间的荒芜，亦是从前岁月的阴暗。

书香门第，富贵世家，都只是过往。杜甫的人生，无比崎岖，无比荒凉。一路走过去，似乎永远都是苦涩心酸模样。于是，印象中的他，清瘦而沧桑。即使是漫卷诗书欣喜若狂，也不过是刹那的欢喜。一回神，就是无边落木萧萧的叹息；一回神，就是乡路音信断、山城日月迟的无奈。所幸，他活得坚强。一世风雨，砥砺前行，成就了千载盛名。

人不可能永远活在荫庇之下。世间冷暖，岁月甘苦，我们都要亲自去体会。晴天雨天，相聚别离，都属于自己。苦根流离，也便只能凭靠自己。

漫长的路上，我们要让自己活成风景。

但首先，我们要活成壁垒。

防备无常，抵御风雨。


## 生于开元盛世

世间的许多事，是没有答案的。

比如，风从何处而来，云向何处而去。

而我们，亦不知道，从何而来，将往何处。

我们只是在红尘异地，偶然经过，来去匆匆。许是一场梦，许是一盘棋，于真和幻之间，悲伤欢喜，相聚别离。所有的路，看似遥远曲折，其实不过是一笔画出的山高水长。恍然走过，有了往事，有了沧桑，有了美丽与哀愁。

唐玄宗先天元年（712），杜甫出生于河南巩县的瑶湾。

杜甫字子美，因在族中排行第二，同时代的人们也称他杜二。

这一年，唐睿宗传位于其子李隆基，即唐玄宗。此前数年，即武则天去世后的那段岁月，大唐王朝并不太平。武则天死后，唐中宗李显懦弱无能，朝政大权渐渐落于韦皇后和安乐公主之手。原来发动政变恢复唐朝的功臣、宰相张柬之被贬官驱逐，太子李重俊被杀。韦皇后重用亲属，甚至对于安乐公主卖官鬻爵也大加纵容。

景龙四年（710），唐中宗被毒杀，韦皇后立傀儡李重茂为少帝，自己独揽大权，垂帘听政。这年夏秋之交，李隆基和姑姑太平公主及太平公主的儿子薛崇简、宫苑总监钟绍京等发动政变，韦后和安乐公主及其党羽陆续被杀。李隆基被改封为平王，兼殿中监，同中书门下三品、兼押左右万骑。李隆基与太平公主迫使李重茂禅让，由睿宗李旦重新即位。不久后，李隆基被立为太子。

此后，太平公主倚仗拥立睿宗有功，经常干预政事。她又感到太子李隆基精明能干，妨碍自己参政，总想另易太子。李隆基当然不愿任人摆布，亦想除掉太平公主。两人之间的矛盾日益加剧。

景云三年（712），李旦不顾太平公主的反对，毅然把帝位让给了李隆基，改元先天。李旦的让位加剧了李隆基和太平公主的矛盾。双方都在积蓄力量，准备除掉对方。太平公主及其同党人物策划起兵夺权，甚至计划在李隆基饮食下毒。

先天二年（713），李隆基亲率太仆少卿李令问、王守一及内侍高力士、果毅李守德等亲信十多人，先杀左、右羽林大将军常元楷、李慈，又擒获了太平公主的亲信散骑常侍贾膺福及中书舍人李猷，接着杀了宰相岑羲、萧至忠；尚书右仆射窦怀贞乱中自裁而死。太平公主见党羽被诛杀殆尽，不得不逃入佛寺，三日后返回，被赐死家中，是为"先天政变"。自此以后，唐玄宗终于掌握了皇帝应有的权力。这一年，他改年号为开元。

皇权稳固之后，玄宗开始整顿朝纲，任用贤能。他不仅极有胆量和魄力，而且精通治国方略，深知用人乃治国根本。开元初年，玄宗励精图治，任用姚崇、宋璟等人为相，在稳定政局的同时，大力发展经济。经过数年上下同心的努力，全国经济迅速繁荣，农业、手工业等方面也有了空前发展，大唐进入了鼎盛时期。

彼时的唐朝，国力空前强盛，社会经济空前繁荣，人口也大幅度增长，天宝年间唐朝人口达到 8000 万人，国家财政收入稳定。商业十分发达，国内交通四通八达，城市更为繁华，对外贸易不断增长，波斯、大食商人纷至沓来，长安、洛阳等大都市商贾云集，各种肤色、不同语言的商人身穿不同的服装来来往往，十分热闹。

在开元盛世鼎盛时期，中亚的绿洲地带亦受大唐支配，一度建立了南至罗伏州（今越南河静）、北括玄阙州（今俄罗斯安加拉河流域）、西及安息州（今乌兹别克斯坦布哈拉）、东临哥勿州（今吉林通化）的辽阔疆域，国土面积达 1076 万平方公里。

*忆昔开元全盛日，小邑犹藏万家室。*

稻米流脂粟米白，公私仓廪俱丰实。

后来，杜甫在诗中如是写道。

那时的大唐，民生安定，江山如画。

寻常巷陌，地北天南，总有说不尽的丰饶与华美。

那是一个风华无双的年代，叫作开元盛世。百姓安居乐业的同时，诗人们则吟风弄月，醉眼迷离。花间云下，竹巷茅庐，都有他们对酒当歌的身影。那里，有天子唤来不上船的李太白，有山月照弹琴的王摩诘，还有许多流连诗酒的人，或轻描淡写，或浓墨重彩，将一个时代勾勒得极尽绚烂，又在这绚烂之中，留了几分伤感。

这个叫杜甫的诗人，自然也在其中。于他，万般风流潇洒，也抵不上黎民百姓的衣食无忧。只可惜，写这首诗的时候，开元盛世已成过往，他眼中的大唐，历经战乱的洗礼，多的是离乱，少的是安详。

现在，杜甫降生在既明媚又喧嚷的大唐。

繁华与寂寞，丰盛与凄凉，都等着他去遇见。

在他出生几年后，母亲不幸去世。他对于母亲几乎没有记忆，诗中也从未提起。杜甫称自己少小多病，幼年曾寄养在姑姑家里。天宝元年（742），他为这位姑姑写了一篇墓志铭，即《唐故万年县京兆杜氏墓志》，其中称姑姑为"有唐义姑"。

这位姑姑待杜甫极好，甚至视他如己出。当时，河南瘟疫流行，杜甫和姑姑的儿子同时染疾。姑姑对杜甫的照顾无微不至，胜于照顾自己的儿子。结果是，杜甫病情好转，终于康复，而姑姑的儿子不幸夭折。杜甫在墓志铭中说："我用是存，而姑之子卒。"可以说，姑姑是对杜甫影响最大的女性。他的慈悲之心，从幼时便根深蒂固了。

除了母亲早亡，以及这场大病，杜甫的童年还是快乐的。失去了母亲，反而得到了家人的倍加呵护。生于奉儒守官之家，不缺乏儒学教育。天生聪颖的他，打小便开始启蒙读书，由浅入深，畅游书海。

开元五年（717），杜甫随家人寄居郾城。偶然的机会，年少的杜甫观看了公孙大娘所表演的剑器舞。玄宗初年，公孙大娘的剑器舞在内外教坊盛名独享。唐代的舞蹈分为健舞和软舞两大类，剑器舞属于健舞之类。

晚唐郑嵎《津阳门诗》说："公孙剑伎皆神奇。"自注说："有公孙大娘舞剑，当时号为雄妙。"司空图《剑器》诗说："楼下公孙昔擅场，空教女子爱军装。"可见这是一种女子穿着军装的舞蹈，舞起来有一种雄健刚劲的姿势和淋漓顿挫的节奏。

对这次观看剑器舞，杜甫始终记忆深刻。五十年后，饱经忧患，身在他乡，大唐已不复从前的风华，他自有不胜今昔兴衰之感。在夔州，他再次观看剑器舞，忆起了当年观看舞剑器的情景，感慨之余，写了首《观公孙大娘弟子舞剑器行》。

昔有佳人公孙氏，一舞剑器动四方。

观者如山色沮丧，天地为之久低昂。

㸌如羿射九日落，矫如群帝骖龙翔。

来如雷霆收震怒，罢如江海凝清光。

绛唇珠袖两寂寞，晚有弟子传芬芳。

临颍美人在白帝，妙舞此曲神扬扬。

与余问答既有以，感时抚事增惋伤。

先帝侍女八千人，公孙剑器初第一。

五十年间似反掌，风尘倾动昏王室。

梨园弟子散如烟，女乐余姿映寒日。

金粟堆前木已拱，瞿唐石城草萧瑟。

玳筵急管曲复终，乐极哀来月东出。

老夫不知其所往，足茧荒山转愁疾。

辗转流离，到最后还是不知何往。

人生如梦，光阴如水，不能不让人感叹。

所幸，夜雨江湖，天涯瘦马，他走得倔强而坚定。

他是个有信仰的人，为此矢志不移。尽管人生潦倒，却始终凄然挺立，心里装着大地苍生。世间的每个人，都会遭遇风雨和困窘，毕竟我们都是赶路之人。

重要的是，穿越风雨，历经苦楚，是否能坦然。

是否，还能初心依旧。

## 七龄思即壮，开口咏凤凰

白居易说，小娃撑小艇，偷采白莲回。

高鼎说，儿童散学归来早，忙趁东风放纸鸢。

黄庭坚说，骑牛远远过前村，短笛横吹隔陇闻。

童年，是我们出发的地方。从那里开始，我们去向一处叫作人生的远方。一路前行，一路探寻，一路流连或割舍。不管人生几何，童年大抵是明媚和温柔的。斜风细雨，青草池塘，偎着清澈见底的时光。我们就在那里，放肆地笑着，放肆地欢畅。

然后，仿佛只是瞬间，欢颜难再，去日无声。往往是这样，我们向往着成长，却在终于足够成熟的时候，对着远去的童年百般唏嘘。原来，最好的时光，竟是那些看似荒唐的日子。

满目沧桑的杜子美，也有过绚烂的童年。

月色与蛙鸣，青草和烟雨，都曾围绕那个稚拙的孩子。

与寻常孩童不同的是，他天资聪慧，酷爱读书。从启蒙开始，从最简单的读物，到后来的经史子集，再到经世治国著作，他都乐于钻研。他喜欢诗，幼时便对其钟情有加。我们不知道，自视甚高，有辅弼天下之志的杜甫，是否真有经天纬地之才，只知道，许多年后，他在诗的世界，以天生的诗性和忧国忧民之心怀，建立了一个宽广的国度。或许他该庆幸，凉薄混乱的世界，可以寄身在诗里。

大概六七岁的时候，杜甫便开始作诗了。可惜的是，他年少时所作之诗大都没有留存于世。许多年后，白发苍苍的杜甫，曾写过一首诗，题为《壮游》，其中有他对于少年和青年时代的回忆。

往昔十四五，出游翰墨场。

斯文崔魏徒，以我似班扬。

七龄思即壮，开口咏凤凰。

九龄书大字，有作成一囊。

性豪业嗜酒，嫉恶怀刚肠。

脱略小时辈，结交皆老苍。

饮酣视八极，俗物都茫茫。

七岁，杜甫写了首歌咏凤凰的诗。凤凰在儒家传统里有治世的象征意义，杜甫的诗提到凤凰的地方有六七十处。不过，这首诗未能流传于世。两年以后，九岁的杜甫已擅于书写大字，不断临摹前人书法，后来的他在书画方面颇有独到见解。

对于杜甫少时读书情况，我们不知道，他师承何人，于何处修业。不过，他应该有过私塾读书的岁月，多年后他在诗中写道："同学少年多不贱，五陵衣马自轻肥。"可以肯定的是，天生的禀赋，加上不懈的努力，他的诗才与学识精进很快。

十四五岁的时候，杜甫开始参加当地文人举行的雅集，才气颇受前辈赞赏。甚至，当时的著名文人崔尚和魏启心将他与汉代文学家班固和扬雄相提并论。或许只是对后生晚辈的激励，但由此可以看出，十几岁的杜甫定是才气不俗。

可见，尽管儿时多病，但是随着年纪的增长，杜甫和他身处的那个时代都在由瘦弱走向强健。晚年时杜甫有首回忆童年的诗，这样写道：

忆昔十五心尚孩，健如黄犊走复来。
庭前八月梨枣熟，一日上树能千回。

写这首诗的时候，杜甫已至风烛残年，带着几分唏嘘和戏谑，他回忆了遥远的从前。他说，十五岁的时候，自己壮健如牛犊，院里的枣树和梨树，一天之内能攀爬千回。有些夸张，但也说明，彼时的他早已不是孩提时那个病恹恹的样子。

几分天真，几分贪玩，几分轻狂。

他就这样，读着书，写着字，偶尔顽皮，不知愁滋味。

如嗜酒如命的李白，杜甫也好酒，这种嗜好从少年时代就已开始。

似乎，那个充斥着诗意的王朝，所有的时光都注定要被安置在浅斟与长醉里。有诗有酒，有风有月，才有了一个时代的翩跹与恣肆。

杜甫说，性豪业嗜酒，嫉恶怀刚肠。他不仅好酒，还疾恶如仇，从小便是如此。自然，嫉恶的反面便是崇善，便是心怀世人苦乐。另外，他不屑与浅薄无味之人结交。与他把酒言欢的，尽是见识广博的前辈。酒酣兴尽，无比畅快，于是世间一切俗人俗事尽皆不见，只剩苍茫茫的天地，和几个癫狂、笑傲红尘的身影。

难怪，杜甫与李白能够相交甚欢。

原来，他们在骨子里都是狂放和清高的。

这世上，万千人随波浮沉，却也有人活得恣肆，不畏清冷。

生命纵如尘埃，却也应当活出气质和姿态，该飞扬便飞扬，该狂放便狂放。然后，在终于回归寂静的时候，蓦然回首，才不会懊悔和羞赧。

在杜甫苦读诗书的那些年，王维已状元及第走上了仕途，李白已开始仗剑远游。大唐已真正进入了开元盛世。年少的杜甫，在洛阳遇见了李龟年，从此对其歌声念念不忘。

洛阳距离杜甫的出生地巩县仅有百余里之遥。年少时他曾寄居在洛阳姑母家里，很可能有很多年是在洛阳度过的。洛阳在唐高宗末年已成大唐东都，经过武则天多年的经营，这里的繁华不逊于长安。玄宗时期，无论是政治，还是经济、文化，洛阳都有举足轻重的地位。

从隋朝以来，每逢关中歉收，当地的物资不足以满足朝廷的需求时，皇帝就会率领百官至洛阳"就食"，唐中宗称这种行幸洛阳的皇帝为"逐粮天子"。唐玄宗即位后，多次行幸洛阳。开元十二年（724）冬天，为了封禅泰山，玄宗率王侯贵胄来到洛阳，使得洛阳繁盛数年。

也就在那时候，杜甫受前辈引荐，得以走入岐王李隆范与玄宗宠臣崔涤的府邸，数次与李龟年相逢。当时李龟年、李彭年、李鹤年兄弟三人都有文艺天才，李彭年善舞，李龟年、李鹤年则善歌，李龟年还擅吹筚篥，擅奏羯鼓，也长于作曲等。他们创作的《渭川曲》颇受玄宗赏识。由于他们演艺精湛，王公贵族经常请他们去演唱，每次得到的赏赐数以万计。他们在东都洛阳建造宅第，规模甚至超过了公侯府第。

想必，李龟年的歌声在杜甫听来很是入心，他对李龟年记忆颇深。安史之乱后，李龟年流落到南方，每遇良辰美景便演唱几曲，常令听者泫然而泣。后来，杜甫漂泊潭州（即长沙），在某次饮宴时，再次听到李龟年的歌声，不禁感慨丛生，于是写了首《江南逢李龟年》：

岐王宅里寻常见，崔九堂前几度闻。
正是江南好风景，落花时节又逢君。

这首七言绝句是杜甫晚年创作生涯中的绝唱，历代好评众多。如清代邵长蘅评价说："子美七绝，此为压卷。"《唐宋诗醇》也说，这首诗"言情在笔墨之外，悄然数语，可抵白氏一篇《琵琶行》矣。……此千秋绝调也。"清代黄生《杜诗说》评论说："今昔盛衰之感，言外黯然欲绝。见风韵于行间，寓感慨于字里。"

那时候，曾经的盛世已然破碎，只剩残垣断壁，支撑着形销骨立的大唐王朝。而杜甫自己，亦是身影憔悴。南方好景，照着凄凉的年月，和他满头的白发。曾经意气风发的诗人，彼时在回忆里凄然打捞，忍不住悲伤。

忆起从前，乌衣门第，富贵人家，他们数度相遇。想必，当年的李龟年，所唱应是盛世长歌。多年后，繁华凋落，歌声里满是凄凉。杜甫回忆的，与其说是曾经明亮的歌声，不如说是无比华丽的开元盛世。

李煜说，流水落花春去也，天上人间。杜甫虽不似李煜那般失去万里江山，却也因世事的无常与荒凉而无限感伤。这首诗的前两句，在迭唱和咏叹中，流露了诗人对开元全盛日的无限眷恋，犹如要拉长回味的时间。

然而，回忆终是回忆。

现实的情景是，时光沉默，去日无言。

多年后，诗人与歌者皆已苍老。而他们身处的那个时代，也褪去了旧时的芳华，只剩一帘冷月，照着惨淡面容。春和景明的日子，在现实与回忆之间辗转，终于成了满心的黯然。然而，感叹虽深，却是突然打住，不再多言。就像在说，世事如霜，故人重逢，却也只能沉默不语。如此结尾，蕴藉之极。

不过，这些都是后事，与此时的杜甫相距几十载。

现在，他还是个少年，鲜衣怒马，意气风发。

人间的荒凉与黯淡，都在远处等他。


漫游吴越

人们说，生活不止眼前的苟且，还有诗和远方。

因为诗，人生有了陶然；因为远方，生命有了宽广。

于生命，这是深度和广度两种塑造与积累。不是谁都能体会诗的意味，也不是谁都能欣赏远方的远。一抹云，一涧水，一棹斜阳，有人沉醉，却也有人无心过问。至于远方，有天高云阔，也有月冷长河，还有无际的缥缈，有时候就连上路都是个难题。

　　总体来说，属于杜甫的远方，是一望无际的荒野。从青年到暮年，他始终在漂泊。可以说，所见无非风雨，足下尽是苍凉。但他以固有的倔强与敏锐，将路上的一切尽数收入行囊，加以思量与斟酌，便成了诗，凄楚也动人。

　　李白说，大丈夫必有四方之志。于是，年轻的他辞别故乡，独自仗剑远游，一去便是多年。与之相似，青年时期的杜甫也曾离家远游。当然，这样的远游不仅是为了增长见识和饱览世间美景，还有更实际的目的。

　　对于当时大多数的读书人，科举都是必走之路。而那时候的科举，虽主要看考生在科场的表现，但也很在意其声名。四方行走，题诗留字，看似吟风弄月，却也是自我宣传，有机会声名鹊起，对科举益处颇多；另外，拜谒前辈，自我推荐，若能得到欣赏和提掖，科举之路也会顺畅不少。

　　就诗人而言，畅游天下，过山过水，体历人间百味，必然能使笔下的文字更具质感。很难想象，李白若不是行遍千山万水，如何能写出那些豪迈飘逸的诗篇。

　　至于杜甫，他也乐山乐水，也喜欢坐卧山水，把酒高歌。

　　但更让他关切的，是红尘聚散，是黎民悲欢。

　　开元十八年（730），十九岁的杜甫出游郇瑕（今山东临沂），但只做了短暂停留。次年，杜甫开始了真正的远游。他曾在文章中说，“浪迹于国内的丰草长林间，实自弱冠之年”。

　　他去的，是江南，那个画船听雨眠的地方。

　　对于诗人，江南是一帘梦，幽深而清雅，明媚而散淡。

　　这是个与风花雪月有关的地方。数年前，李白曾在这里流连许久。更早的时候，这里有过谢脁、谢灵运，有过鲍照、庾信，还有无数风流潇洒的身影，于山水之间，与云月之下，畅意来去，把盏临风。

可以肯定，杜甫喜欢这个钟灵毓秀的地方。他错过了李白，却不曾错过江南烟雨，和烟雨里诗酒相逢的故事。文人们来过，又悄然离去了，但属于他们的写意日子，依旧在云水之间浮浮沉沉。同样浮沉着的，还有让青史沉默的许多人和事，甚至还有纷乱和血迹。

许多年前，吴越两国多年争霸，在权谋与仇恨之间，烽烟四起，云水沉默。那个叫西施的女子，身在其中，如浮萍逐浪。她只是个弱女子，无力与命运抗争。于是，她被卷入战争，最终悄然而去，不知何往。那些承宠的日子，于她不过是一抹烟尘。或许，她只愿做个平凡女子，安静度日，采莲浣纱。然而，愿望终于落空，她甚至必须背负祸水红颜的骂名。

是非功过，聚散浮沉，终于成了空。

千百年后，故事里的人们，无论曾经煊赫或是卑微，都沉寂了。

只有江南的山光水色，依旧清淡悠闲。

在越地，杜甫体会了越王勾践的坚忍，怀想若耶溪上的采莲女子，只是昔人已去，恢宏与恬淡都已不在；在姑苏，杜甫拜谒了吴王阖闾的坟茔，游览了虎丘山的剑池，当然还停步于姑苏台，可惜的是，曾经存放欢笑和缱绻的地方，多年以后，只剩明月，凄迷地照着荒台。

范蠡去了，西施去了，五湖烟水还在悠悠荡荡。

严陵钓台空空如也。尘世间，总有人带着迷惘，寻寻觅觅。

杜甫也曾去往金陵。繁华凋谢，往事随风。曾经的帝气与风流，王侯与贵胄，都已无处找寻。就像刘禹锡诗中所写，朱雀桥边只剩野草闲花，乌衣巷口只有残阳独照，多年以后，燕子停留的，已是寻常百姓的屋檐。那么美丽的从前，几百年后，只留一段故事，供后人品评和感叹。这就是历史的真相。

所有人，所有事，对岁月而言，都不过是飘萍。

多年以后，被遗忘或被想起，都已微不足道。

尽管，印象中的杜甫沉郁悲凉，但是年轻的时候，他也喜欢快意人生，也喜欢诗酒风流。身在江南，杜甫也如李白那般，结交朋友，畅快淋漓。两三知己，把酒倾谈，与诗和风月为邻，于他也是雅事。在金陵，杜甫结识了一位僧人，他们曾诗酒酬唱，也曾泛舟对弈。三十多年后，他还在诗中饱含感情地提到这位故友。

不见旻公三十年，封书寄与泪潺湲。

旧来好事今能否，老去新诗谁与传。

棋局动随寻涧竹，袈裟忆上泛湖船。

闻君话我为官在，头白昏昏只醉眠。

年轻的杜甫，曾设想过沿着扬子江顺流而下，去往传说中的扶桑。他甚至已经雇了一条船，可惜由于各种现实因素，最终放弃了这个计划。

杜甫在江南的漫游，持续了好几年。最终，大概是为了参加科举，他离开了江南。想必，诗意满怀的杜甫，在江南数年，定然写过不少诗，或寄情山水，或感叹岁月。

只是，那时候他所写之诗，未能流传后世。或许，是散佚了；或许，后来的日子，随着阅历的加深，以前写的诗，因觉得稚拙而丢弃了。很不幸，由于这些诗篇的散佚，对于这时期杜甫的生活和故事，我们只能从许多年后他所写的诗文中，寻找支离破碎的片段。

林风纤月落，衣露净琴张。

暗水流花径，春星带草堂。

检书烧烛短，看剑引杯长。

诗罢闻吴咏，扁舟意不忘。

这首诗题为《夜宴左氏庄》。我们不知道，这位左氏为何人，也不知左氏庄在何处，甚至也不知道此诗的写作时间。不过，有流水花径，明月扁舟，所写应是江南无疑。某次饮宴，席上杜甫闻坐间有以吴音咏诗者，顿时勾念起自己泛舟吴越的记忆，即事兴感，遂作此诗。

首联干净洗练，一段雅致，在林风、纤月的映衬下，在中庭静夜悠扬的琴声里，油然升起。如果说首联意境超然、高蹈尘外的话，颔联"暗水流花径，春星带草堂"二句则涉笔成趣，翩接人间。

流水潺湲，繁星闪烁，选取这样的情景和物象形诸笔端，不仅雅致非常，而且野趣盎然。铺叙停当了，颈联"检书烧烛短，看剑引杯长"二句便转笔描写夜宴的场景，宾主雅宜，乐在其中。检书，大约是宾主赋诗而寻检书籍。选取检书意象，也许在应景的同时，也寄寓了自己的偏好和情趣。

如此清夜，烧烛检书的意象，对读书人而言，有特殊的亲切感，四壁寂然，青灯黄卷，众人不堪其清冷落寞，读书人也不改其读书之乐。杜甫有看剑的喜好，诗中多有涉及。之所以如此，不难从他致君尧舜的抱负和其性格中慷慨磊落的特点看出。虽是一介寒儒，但当其意兴勃发，便自有心雄万夫的气概。

这个夜晚，检书论文看剑，添了几分酒意，无疑是文人最中意的画面。顾宸评价说：一章之中，鼓琴看剑，检书赋诗，乐事皆兴。诗酒流连，本就如此。

然后，他想起了江南，想起了泛舟吴越的情景。

半面平湖，一纸悠然。兴许只是不久前的事。

可以肯定，这首诗是杜甫早期的作品。彼时，他尚未触及世态炎凉，尚未为忧愁困顿所累。尾联所写"诗罢闻吴咏，扁舟意不忘"，正是他快意潇洒心境的反映。

开元二十三年（735），杜甫离开江南，回到了故乡。等待他的是科举考试，对于胸怀大志的杜甫来说，这无疑是人生大事。然而，他未能如愿。幸好，还有诗；幸好，还有远方。尽管，远方于他，是一樽天涯。凡尘中的我们，若觉得逼仄无味，何妨捧一卷诗，独坐清风下；或者，背起行囊，去到陌生的地方，坐卧山水，笑看花开。

有了诗，我们才知道，人生于繁芜处还有淡雅。

将自己安置在远方，面对关河迢递，才会明白生命如尘。

其实，诗并不远，小径闲花，烟雨巷陌，心若柔软，处处皆有诗意；远方亦不远，未必是万里关山，未必是天涯海角，或许只是刹那的寂静，又或许，是夜深人静独自沉思后的豁然开朗。总之，诗不远，远方不远。

## 科举落第

那年暮春，杜甫离开了江南。

山和水，云和月，还在远远招摇着。

他的江南往事，因了几分意气风发，清澈而柔软。只是，就史料记载，他此后再未重临江南。对于那个温软多姿的地方，他仅有数载的回忆，时间越久，越是淡薄。

　　为了科举，他不得不离开。对于读书人而言，科举不仅是一种考试，更是一次彻底改变命运的机会。从贫寒到富贵，从寂寞到显赫，似乎只有一步之遥。若能一举成名，而被天下人熟知，那些寒窗苦读的日子便是值得的。

　　唐朝时，科举制度得到了完善。唐太宗、武则天、唐玄宗等帝王都积极推进科举制度的改革，选拔了大量寒门人才。某次考试之后，新科进士鱼贯而入，入朝堂拜见皇帝，唐太宗高兴地说："天下英雄，尽入吾彀中矣。"

　　唐代科举考试科目分常科和制科两类，每年分期举行的考试称常科，由皇帝下诏临时举行的考试称制科。考试的内容很复杂，常科有秀才、明经、进士、俊士、明法等五十多种科目，最为重要的是明经和进士，唐高宗李治以后，进士科逐渐重要起来，许多宰相权臣等都是进士出身，由于考试时间都在春天，因此科考被称为"春闱"。

　　无论如何，对于贫寒学子来说，通过科举考试如同鲤鱼跃过龙门一般值得庆贺。科举成绩公榜之后，进士及第称"登龙门"，第一名曰状元，同榜人要凑钱举行庆贺活动，集体到杏园参加宴会，叫探花宴。宴会以后，新科进士们一起到慈恩寺的大雁塔下题名显示荣耀，中进士因此又称为"雁塔题名"。新科进士的各种聚会庆贺活动中，有很多王公权贵参加，有很多权贵就在聚会中甄选女婿，这对那些既得官位又得娇妻的贫寒学生来说，可谓天大的喜事。

　　唐代诗人孟郊曾作《登科后》诗："春风得意马蹄疾，一朝看遍长安花"，以此表达高中后的愉悦心情。柳宗元常科登第后，经吏部考试合格，即刻被授予"集贤殿正字"。相反，许多通过了科举考试却没有通过吏部考试的人则没有那么幸运，只能到地方上去任官员幕僚，再争取得到朝廷正式委任的官职。韩愈在考中进士后，吏部考试三次都没有通过，不得不去担任节度使的幕僚，才踏进官场。

唐代科举，不仅看考试成绩，还要有名人推荐，考生因此纷纷奔走于公卿门下，趋之若鹜，这种体制隐含着很大的裙带关系和腐败倾向，但是也的确有很多学子因为才华显露头角，诗人白居易向顾况投诗《赋得原上草》，结果受到了极力称赞，白居易的仕途因此得益不少。

同时，唐代还开设了武举，考试马射、步射、平射、马枪、负重、摔跤等科目，由兵部主考，"高第者授以官，其次以类升"。在平定安史之乱中发挥了重要作用的郭子仪，就是武状元出身，他一生历仕玄宗、肃宗、代宗、德宗四朝，曾两度担任宰相，是中国历代武状元中唯一一位官至宰相者。

唐朝还诞生了一位文武双科状元，长庆二年（823），郑冠高中文科状元；五年后，郑冠又中武举状元，他因此成为中国历史唯一先考取文状元又中武举状元的人。

现在，杜甫即将面临人生中这次重要考核。他有着辅弼君王、安定天下的宏图大志，他希望通过科举，走上政治的舞台。可以肯定，才情卓绝的他，定是志在必得。

就像三百年后的柳永，因为才气不凡，难免有几分狂傲，所以在科考前在词中写道："对天颜咫尺，定然魁甲登高第。"然而，结果却是名落孙山，于是只能继续带着年轻人的傲气说，才子词人，自是白衣卿相。又说，忍把浮名，换了浅斟低唱。

就科举而言，才华天赋固然重要，但也需要几分运气。许多才情不菲的学子，都不得不面对科场折戟的无奈。唐代科举取士规模很小，进士科得第很难，当时流传有"三十老明经，五十少进士"的说法，新科官员中通过科举考试录用的，只占百分之五左右。

不管怎样，科举这件事，至少此时的杜甫是无法绕过去的。

路就在那里，总要走上去才知道平坦或崎岖。

清朗也好，黯淡也好，他都必须亲自体历。

唐代以来，官学和私学教育都极其昌盛，培养了大批具有很高文化素养的人才。例如贞观以后，仅国学生就有八千余人。国学生是参加科举的重要力量，因为他们在各级官学学习，考试合格后被送至尚书省参加科举，因此被称为"生徒"；自学成才者则必须由乡里保荐，州县甄选，然后才能到京城应试，被称为"乡贡"。只不过，唐朝对"乡贡"报考者的要求不甚严格，除作奸犯科者不得参加外，只要求商人或工人不得参加，应该说是比较开明的。

杜甫并非来自官学，因此他走的是后面这条路。他以优异的表现通过了层层选拔，得以参加次年的进士考试。进士考试是在京城举行的，不过那年却是在洛阳。因为，开元二十一年（733）秋，长安一带多日大雨，关中等地歉收，玄宗便于次年迁住洛阳，一住就是三年。

进士考试前，举子们往往会拜谒京城各大权贵名流，若能得到引荐与提携，于科举无疑是极大的辅助。兴许，杜甫也曾有过拜谒显贵的经历。当然，以其才华和傲岸性情，也许不愿如此。

读书破万卷，下笔如有神。这就是他。

想必，在年轻的杜甫看来，科举应如探囊取物。

但我们知道，世间有件事，叫作事与愿违。

开元二十四年（736），杜甫参加科举，却以落榜收场。对他来说，这无疑是极大的打击。毕竟，狂傲的他，曾以屈原、贾谊等人自比。但这就是现实，往往在你意兴盎然的时候，冷不防的，给你一袭风霜。

这次科考失败的原因，我们不得而知。或许，是他年轻气盛，不愿拜谒前辈，未能得到扶掖；或许，是他执着于自己的才华，在考试中不愿写考官们喜闻乐见的内容。

那年的科考，因为一件事导致后来的科考改由另一个部门掌管，因此颇有名。此次科考的主考官是考功员外郎李昂，此人出身寒门，是开元二年的状元，性情刚急，对于科考的请托之风非常痛恨。

考试之前，李昂召集举子们，与之当面约定，文章优劣是录取与否的标准，杜绝请托公行的风气，考生若有此行为，他便会让其落榜。

李昂的岳父曾经和考生李权做过邻居，两人相处得很好。李权这次赴洛阳参加科举，特地看望了老人家，老人家就请女婿李昂在可能的情况下给予关照。没想到，李昂个性过于强愎，处事方式方法简单直接，不仅当面指责请托者李权，还将他所作诗文章句之疵"榜于通衢以辱之"，激化了矛盾。

李权请托弄巧成拙，反受奚落，随即蓄意报复，挖空心思，从李昂诗文作品中寻章摘句，附会曲解，无限上纲。比如，李昂曾有诗句"耳临清渭洗，心向白云闲"，对此李权附会说："昔日唐尧到了耄耋之年，身体衰老，厌倦了掌管天下的事，将要把帝位禅让给许由。许由听到这个消息后，觉得这是污染了自己的耳朵，于是跑到渭水边洗耳。可是如今天子春秋鼎盛，年富力强，又没有把皇位揖让给足下，而足下却也要到渭水边洗耳，这是为何？"

本是两句表现闲情逸致的诗，可是被李权这样曲解，几乎成了谋反窜逆之诗，且是在大庭广众之下。关键是，这解释有理有据，竟让李昂方寸大乱，不知如何应对。两人的争端最终惊动了玄宗。这就是科举考试制度历史上十分著名的开元二十四年进士考试中的"二李之争"。

结果是，考生李权下狱，而且朝廷下令改制。《唐摭言》载："省郎位轻，不足以临多士，乃诏礼部侍郎专之。"《唐国史补》则说得更具体："李昂为士子所轻诋，天子以郎署权轻，移职礼部。"也就是说，造成事端的缘由乃是考功员外郎职位过低，主持贡举不足以掌控局面。皇帝下令，此后的进士考试由礼部负责，由礼部侍郎专掌。

对于杜甫，这仅仅是个插曲。

他只记得，那年的科考，自己榜上无名。

年轻的诗人终于知道，世间有些事，不似看上去那样简单。

我们都曾年轻，以为凭着意气风发，便能踏遍山河，便能看遍风景。出发了才知道，我们双脚踏过的，永远只是咫尺之遥。红尘太远，世事太凉，我们永远测不出世界的遥远和沧桑的厚重。

回首往事，我们不得不将从前的骄傲，定义为年少轻狂。

也好，不荒唐，不轻狂，便不算年轻。

人生，就是渐渐收敛轻狂，最终将往事放在一杯茶里，细细品味，终于发现年少轻狂也颇有意味的过程。许多事，许多悲欢，都经历过了，才会在多年以后慢慢熬制出一种心境，叫从容。

## 第二卷：长安月冷

陌上有烟雨，人间有风月。

这世界，到底是值得流连和品味的。

有心之人，处处皆有风景；有情之人，时时可见芳菲。


### 会当凌绝顶

红尘巷陌，我们皆是过客。

以有限平生，过山水云烟，看人间变幻。

足迹所至，总有花飞叶落，总有夜雨霖铃。但别忘了，叶落后总有春朝，雨过后便是晴天。何妨，将那些凄寒与窘迫视作寻常，于寂静处耐心品读，品出恬淡，品出明朗。

一杯茶，由入口的苦到入心的甜，总有个过程。

于人生，便是从萧索落寞，到清浅淡然。

二十五岁的杜甫，经历了人生第一次失败。那是与他"致君尧舜上，再使风俗淳"的人生梦想息息相关的，却以落第而告终。显然，滋味并不好受。不过，人生的路还很长，对于整个人生风雨如晦的杜甫来说，这样的打击不算太重。何况，他还很年轻，还有足够的热情与激情，去面对后面漫长的人生。

很快，杜甫便又上路了，带着疏狂的自己。

后来，他在诗中写道：放荡齐赵间，裘马颇清狂。

显然，这与我们熟悉的杜甫很不同。但这就是真实的杜甫，年轻的时候，也曾快马轻裘，也曾潇洒恣意。只是后来，随着年华渐老，眼中的世界不复从前的安泰，而他自己也不复从前的狂傲。那时候，笔意从潇洒转向凝练，每每心酸下笔，说不尽的沉郁苍凉。

齐赵等地，杜甫流连了若干年。齐赵一带，是现在的山东与河北南部。那些年，往北他去过邯郸，往东他去过青州。尽管，具体的生活不得而知，但从他留下的诗来看，当时的日子是写意飘洒的。想必，在许多人眼中，当时的杜甫还是个风姿翩然的青年。

他也曾这样：左手诗酒，右手风月。

于繁华深处，恣肆而狂放地安放年轻的自己。

那时候，杜甫的父亲在兖州任司马。开元二十五年（737）初，杜甫来到了兖州。科考失败让父亲很失望，但这并不影响杜甫在不久之后便开始飘然自得的日子。自然的，这样的日子里，少不了诗，少不了酒，少不了与好友低唱浅斟。可以肯定的是，他所结交的均非庸常之辈。只有那些才华出众、见识不凡的才子文人，才能被他青眼有加。

胜景古迹，歌楼酒馆，都有他畅快的身影。登高望远，饮酒写诗，都是他乐于为之的事情。某天，他登临兖州城楼，望浮云万里，思今古聚散，于是有了下面这首《登兖州城楼》：

东郡趋庭日，南楼纵目初。

浮云连海岱，平野入青徐。

孤嶂秦碑在，荒城鲁殿余。

从来多古意，临眺独踌躇。

虽是登高，但思量之际，便生出了惆怅。

这样的惆怅，将伴随他终身，直到生命最后。

对这首诗，清代吴瞻泰《杜诗提要》卷七评价说："杜诗雄奇幽险，无所不备。此作格局正大，有冒，有束，有承，有转，有开，有阖，庄重不苟。至其寓含蓄于行间，寄感慨于言外，则又飞舞纵横，人所不得而测之者也。"

事实上，杜甫还经常与友人相伴出猎。在当时，齐赵等地多有密林，是狩猎的绝佳之地。杜甫在《壮游》一诗中回忆说，当年在齐赵，射鸟逐兽，纵横山林。那个时期，他结识了诗人苏源明，曾诗酒往来，也曾偕同打猎。意气飞扬的年岁，笔下诗句也很是壮健慷慨，如这首《房兵曹胡马》：

胡马大宛名，锋棱瘦骨成。

竹批双耳峻，风入四蹄轻。

所向无空阔，真堪托死生。

骁腾有如此，万里可横行。

他也曾登临泰山，于绝顶遥望人间阡陌。在那里，他对自己的人生做了光明的期许。只是，许多年以后，他终于明白，登临绝顶，笑傲人间，竟只是奢望。而我们却知道，他在另一重别样的天地，带着几许感叹，登上了山巅，同行者寥寥。

因为有诗，他的人生虽然寥落，却绝不苍白。

他的广博与深沉，都有存放之处。

岱宗夫如何？齐鲁青未了。

造化钟神秀，阴阳割昏晓。

荡胸生层云，决眦入归鸟。

会当凌绝顶，一览众山小。

日子虽然自在，但有件事是杜甫不能回避的，那便是娶妻生子。转眼间，他已年近而立。再狂放，再潇洒，也要面对真实的生活。开元二十九年（741），杜甫暂时结束了漫游生活，从山东回到了洛阳，在洛阳与偃师之间的首阳山下建了住所。就在这一年，杜甫迎娶了弘农县（天宝年间改灵宝县）司农少卿杨怡之女为妻，算是门当户对。那年，杜甫三十岁，杨氏二十岁。

对于杨氏，史籍记载很少，只知道，他们伉俪情深，始终不离不弃。尽管，杜甫未能给他的结发妻子优渥的生活，事实上正好相反，很多时候，他们的日子是困顿贫寒的，但他们以最平凡的姿态，演绎了一场美丽的爱情。即使是后来于乱世流亡凄楚，他们也不曾分开。

多年以后，他的身边仍然是她。他称之为老妻，直白却深情。

最好的爱情，未必是才子佳人，未必是轰轰烈烈。

应该是，无论清贫富贵，始终相伴相依。

世间许多人庸俗势利，只愿同欢乐，不能共患难。却也有人，守着一份爱情，心无旁骛，从青丝到白发。直到容颜苍老，仍是一往情深的模样。

杜甫的远祖杜预及其祖父杜审言，坟茔都在偃师附近。大概是景仰杜预神采，反观自己，而立之年事无所成，感慨丛生，他写了篇《祭远祖当阳君文》，盛赞了杜预的卓绝人生。在此文中他还说：不敢忘本，不敢违仁。

天宝元年（742），杜甫的姑姑，也就是那位对他有养育之恩的女子，因病去世。杜甫前往参加葬礼，悲伤刻骨。大约在其后几年内，父亲杜闲与继母卢氏相继去世。突然间，偌大的世界，杜甫失去了凭靠。他必须依靠自己，去面对生活的冷暖，接受命运漠然的考量。

事实上，无论是谁，最终能依靠的只有自己。总是这样，走着走着，同行之人渐渐远去，只剩孑然漂泊的自己。人生这件事，或轻或重，或喜或悲，我们终须独自背负。

路途遥远，阴晴难测，这就是真实的人生。

我们只能，于离索和死寂之中，找到温暖，活出淡然。

鲜衣怒马的岁月，真的结束了。杜甫必须收拾心情，收敛自己的放诞不羁，去解决生计问题。从天宝二年至天宝三年，杜甫住在洛阳。父亲去世后，整个家庭面临着不小的压力，他只能学着谋生。

这期间，杜甫曾教授学生，也曾于显达之人身边做幕僚。不管是何种身份，日子都不算快活。对他来说，这不算坏事。只有体验了真实生活的酸甜苦辣，才能真正明白，世间除了月白风清，还有苦恨流离，还有长吁短叹。

大约在天宝二年（743），杜甫去参观了宋之问故居。宋之问字延清，初唐时期的诗人，与沈佺期并称"沈宋"。与陈子昂、卢藏用、司马承祯、王适、毕构、李白、孟浩然、王维、贺知章称为仙宗十友。

宋之问曾任考功员外郎，是杜甫祖父杜审言的好友。他的两个弟弟颇为时人熟知，宋之悌骁勇过人，宋之逊精于草隶。宋之问则工专文词，兄弟三人各有所长，成当时佳话美谈。宋之问故居，坐落在偃师县西北首阳山的山腰。此番参观，杜甫曾留诗《过宋员外之问旧庄》：

宋公旧池馆，零落首阳阿。
枉道祗从入，吟诗许更过。
淹留问耆老，寂寞向山河。
更识将军树，悲风日暮多。

他去游览龙门奉先寺，写诗说："天阙象纬逼，云卧衣裳冷。欲觉闻晨钟，令人发深省。"三十余岁的杜甫，诗中渐渐有了寂寞、悲风等字眼。世事的明暗，人生的悲欢，他已开始深入思索。

想必，对于功名利禄，他也有了新的认识。

一场梦，一场空。浮华世界，万事随风。

而我们，只是偶然经过。

## 诗酒流连岁月

一壶酒，几行小诗，日子散淡。

一帘月，半窗清风，岁月清闲。

周作人说，得半日之闲，抵十年尘梦。

这话不假，人生匆忙，尘世喧嚷，我们固然要为人生打拼和奔走，却也应该懂得忙里偷闲。偶尔停下脚步，于风前月下，烹茶读书，煮酒对月。光阴流转，世事变迁，皆可以泡在茶里，品了再品。终于明白，十年寻寻觅觅，不如半日悠然自得。

现在，杜甫还在洛阳城里。日子不紧不慢，些许懒散，些许无奈。已过了不羁放纵的年纪，却还处于蹭蹬状态，对于心怀大志的杜甫来说，这无疑值得感慨。

而且，自从前次科考落第，大概是狂傲使然，他对参加科举已然失去了兴趣。既然如此，想要完成夙愿，除了投诗干谒，希求显贵引荐提携，几乎别无他途。实际上，距离上次科考已近十年，他仍是一介布衣。

有些惘然，有些寥落，这就是杜甫此时的生活。

然而，当一个人蓦然间出现，他的生活似乎瞬间即被点亮了。

那是一个叫李白的诗人。

天宝三年（744）四月，在洛阳城里，他们不经意间相遇了。李白比杜甫年长十一岁，性情狂放，飘洒如风。他从蜀中出发，一路走来，到江南，到长安，诗名随着他的故事日渐繁盛。

与杜甫相似，李白也有着辅君济世的理想，但是同时，他也热衷于求仙问道和游侠生活。因其飘逸气质，司马承祯称赞他仙风道骨，贺知章则称他为谪仙人。在人们的印象中，李白的形象是飘逸的，甚至是放浪形骸的。走在世间，他更像个剑客，豪情满怀，恩怨分明。

当然，在李白的生命中，诗和酒是始终相随的。

有诗有酒，他便有了醉意，生活也便有了依归之处。

不过，真实的生活毕竟不只是诗酒里的江山风月。纵然是豪放潇洒的李太白，也必须面对世态炎凉。因为诗才横溢，他被召入宫中，以翰林待诏的身份，被无数人艳羡。看上去很是风光和体面，还留下了贵妃捧砚、力士脱靴的佳话。实际上，他只是个御用文人，皇帝给他的工作，不过是歌颂盛世，粉饰太平。

这样的生活本就无味，他还要遭受倾轧与毁谤。于是，傲岸的李白毅然选择了离开。玄宗也不算冷漠，答应了他的请求，还给了他一个体面的结局：赐金放还。

离开长安后，李白辗转来到了洛阳，便有了这场相逢。李白与杜甫，应该说性情大为不同。一个持重，一个天真；一个厚朴，一个飘洒。不过，他们都是性情中人，且都心存天下苍生。而且，他们的骨子里都是狂傲不羁的。

此时的李白，虽盛名远播，但在杜甫面前没有丝毫的倨傲。相反，对这个比自己年轻许多的诗人，他无比欣赏。至于杜甫，对李白大名早有耳闻，自是相见恨晚。于是，相遇后不久，他们已是无话不谈，俨然多年未见的老友。

人与人相交，不问富贵贫贱，只求意气相投。

有的人，初见已是知己。有的人，日日相见，也终是陌路。

性情，是骨子里的清澈或暗沉。能彼此照见，才算得上知交。

我们该庆幸，一千多年前的洛阳城，李白与杜甫能够得见彼此。他们的相逢让人们知道，生活中除了忙碌与挣扎，还应有清雅和快味；更让我们知道，尘世间有一种情谊，可以历经沧桑而从不褪色。

游赏古迹，流连山水，醉饮风月。

那些天，他们的日子就是这样，无比快意，无比风雅。

自然的，这样清浅的日子里，不能没有诗。

二年客东都，所历厌机巧。野人对膻腥，蔬食常不饱。

岂无青精饭，使我颜色好。苦乏大药资，山林迹如扫。

李侯金闺彦，脱身事幽讨。亦有梁宋游，方期拾瑶草。

喝着酒，写着诗，流光飞逝。

诗酒流连的日子，终于还是结束了。

那个夏天，他们在洛阳城作别，却又意犹未尽。于是相约，秋日同游梁宋。秋天，两人果然如期赴约。令他们惊喜的是，在大梁，他们遇见了漫游于此的高适。

高适，字达夫，一字仲武，曾任刑部侍郎、散骑常侍，封渤海县候，世称高常侍。作为著名边塞诗人，高适与岑参并称"高岑"，与岑参、王昌龄、王之涣合称"边塞四诗人"。其诗笔力雄健，气势奔放，洋溢着盛唐时期特有的蓬勃向上的时代精神。

此时，无论是杜甫，还是李白和高适，至少从俗世的视角来看，人生都不算丰盈。但这并不影响他们风流快意。三十三岁的杜甫，四十一岁的高适，四十四岁的李白，因为陌上同行，因为诗酒唱和，都仿佛回到了快马轻裘的年岁。

生活就是这样，无论高亢低回，总少不得闲情。

时而忙碌，时而悠然，生活方能如诗，有平仄，有韵味。

真实的情况是，有的人拥有广厦华屋，却总在奔走，难得清闲；而有的人，虽然身处困顿，却还能安坐于草径茅庐，听风雨，看云月。心性不同，情怀各异，生活的色彩也就大相径庭。

花间云下，闹市酒家，常有三个对酒高歌的身影。

沉静的杜甫，豪迈的高适，飘逸的李白。

有诗，有酒，有月。日子潇洒。

离开大梁后，他们又来到宋州。在宋州梁园，他们登临西汉梁孝王的平台，然后到孟诸野湿地游猎，又到梁园北面单父县的单父台宴游。呼鹰逐兔，纵横驰骋，大有苏东坡牵黄擎苍、聊发少年狂的味道。

对此，李白曾在诗中写道："此事不可得，微生若浮烟。骏发跨名驹，雕弓控鸣弦。鹰豪鲁草白，狐兔多肥鲜。邀遮相驰逐，遂出城东田。一扫四野空，喧呼鞍马前。"

后来，杜甫也曾写诗回忆当日豪兴。

昔者与高李，晚登单父台。

寒芜际碣石，万里风云来。

桑柘叶如雨，飞藿去裴回。

清霜大泽冻，禽兽有余哀。


同游的日子，偶尔也说起天下之事，说起初心渐失、纵情声色的玄宗，说起朝堂上不复从前的光风霁月，说起边境山雨欲来。不过，更多的，还是沉醉于诗酒，于酒杯里安放岁月冷暖，和他们澄澈的情谊。

只是，聚散终有时。筵席再好，也有散场的时候。

当相逢终于变成离别，快意也就成了一袭秋凉。

那年初冬，高适南游楚地。李白前往齐州，到紫极宫领受高天师的道箓。而杜甫，则去往北海拜访李邕。临别，杜甫以诗相赠，题为《赠李白》：

秋来相顾尚飘蓬，未就丹砂愧葛洪。

痛饮狂歌空度日，飞扬跋扈为谁雄。

李邕即李北海，书法家，少年成名，后召为左拾遗，曾任户部员外郎、括州刺史、北海太守等职。李邕为行书碑法大家，书法风格奇伟倜傥，李后主说："李邕得右将军之气而失于体格。"《宣和书谱》说："邕精于翰墨，行草之名由著。初学右将军行法，既得其妙，乃复摆脱旧习，笔力一新。"传世碑刻有《麓山寺碑》《李思训碑》等。

除了书法，李邕的文采与为人也颇受赞誉。对于贫寒落魄之人，他多有帮扶奖掖。因此，无论身在何处，他的居所总有许多访客。不过，李邕虽然声名远播，却对杜甫青眼有加。他们相处多时，把酒言诗，纵论天下，极是快意。对于李邕其人，杜甫曾写诗盛赞：

忆昔李公存，词林有根底。声华当健笔，洒落富清制。

风流散金石，追琢山岳锐。情穷造化理，学贯天人际。

干谒走其门，碑版照四裔。名满深望还，森然起凡例。

天宝四年（745）秋，杜甫再次来到了兖州。

或许，仅仅是为了与那个旷逸的诗人再续诗酒之缘。

杜甫在《春日忆李白》中写道："白也诗无敌，飘然思不群。清新庾开府，俊逸鲍参军。何时一尊酒，重与细论文。"对他来说，与李白对饮倾谈，无疑是人生少有的乐事。

纵游山水，醉眠风月，与诗酒为邻，仍是从前模样。而且，此番相逢，他们的情谊已非当日可比。他们早已情深如兄弟，所以，除了同游共醉，更能抵足而眠。

诗酒，是可以煨暖秋天的。这个秋天，因为有知己相随，他们都不觉得凄凉。秋气满眼的日子，他们前往城北寻访隐士范十，在野山茅屋，受到后者的热情款待。李白写诗记载了此事，他说："近作十日欢，远为千载期。风流自簸荡，谑浪偏相宜。"悠然之余，杜甫也写了首《与李十二白同寻范十隐居》：

李侯有佳句，往往似阴铿。余亦东蒙客，怜君如弟兄。
醉眠秋共被，携手日同行。更想幽期处，还寻北郭生。
入门高兴发，侍立小童清。落景闻寒杵，屯云对古城。
向来吟橘颂，谁欲讨莼羹。不愿论簪笏，悠悠沧海情。

深秋，结束了快意的日子，他们再次分别。

杜甫西去长安，李白则准备重游江南。临别时，李白在兖州城东石门为杜甫设宴践行。李白以诗赠杜甫，题为《鲁郡东石门送杜二甫》。离别，所有伤感，尽在酒中。

醉别复几日，登临遍池台。何时石门路，重有金樽开。
秋波落泗水，海色明徂徕。飞蓬各自远，且尽手中杯。

飞蓬各自远。离别后的人们，往往是这样。
曾经携手同游的人们，总要拾掇心情，单独上路。
然后在某时某地，不经意间，遇见新知故友。
倒不如，将离别当作一次落幕。舞台仍在，人生何处不相逢。
只是，于他们，一别，便是关山无限。

从此，他们再未重逢。


## 长安，他是个过客

人生，不过是一场寂静的旅行。

边寻找，边失去；边遇见，边离别。

无论如何，我们终要在漫长的时光里，日渐丰盛。

当然，所谓丰盛，不是利名惊世，不是拥有许多的身外之物。而是，你的灵魂高度和精神境界，既足以体会世间的清浅快意，又足以承受世间的冷暖悲欢。丰盛，是自身修养和修为有了足够的深度。人越是丰盛，就越能于平淡处见绮丽，于荒凉处见温暖。

就俗世的定义来说，无论是李白还是杜甫，都不富有。但他们，以诗人的视角，体察世界，品味人生。困顿也好，清贫也好，他们都不曾对生活失去热情。事实上，他们以诗人之手，为这世界建造了极其华美的庄院，历经千年，仍有无数人流连。他们有深邃而广阔的精神疆域，也只有这样丰盛的人，才能将路上的荆棘和风雨，用来写诗，用来佐酒。

天宝四年（745）年深秋，杜甫作别李白，独自前往长安。他已经三十四岁，距离上次科举折戟已近十年。那些年，他虽是四处漫游，过着裘马轻狂的日子，却也没忘记人生的初衷。只是，奔走求荐，投诗干谒，始终无果。

于是，他选择了西去长安。此番西行，不为繁华，不为游历。只为心中那个矢志不移的终极理想，那便是匡君济世，即儒家所言的治国平天下。他希望，在那个人文荟萃、贤达如林的地方，自己的抱负终能有个落脚之处。

长安，灯火绚烂，世事飘摇。

人来人往，月圆月缺，故事丰盈却又几近凌乱。

许多人，看似归人，其实不过是过客。

未久，杜甫已在长安了。他停下脚步，看那座古老的城市。很繁华，很陌生。几年前李白兴冲冲地来到这里，走入了朝堂，却又悻悻地离开。冠盖满京华，总有人独自憔悴。

客舍里面，杜甫喝着酒，不曾醉去。

长安城的故事，远非看上去那般安静祥和。

长安是历史上第一座被称为"京"的都城，也是历史上第一座真正意义上的城市。周文王时就定都于此，筑设丰京，武王即位后再建镐京，合称丰镐。

汉高祖五年（前 202）置长安县，在渭河南岸、阿房宫北侧、秦兴乐宫的基础上兴建长乐宫，高祖七年（前 200）营建未央宫，同年国都由栎阳迁移至此，因地处长安乡，故名长安城，取意"长治久安"。

长安是十三朝古都，是历史上建都朝代最多、建都时间最长、影响力最大的都城，居中国四大古都之首，隋唐时期世界最大的城市。长安是丝绸之路的东方起点和隋唐大运河的起点，是迄今为止唯一被联合国教科文组织确定为世界历史名城的中国城市，与雅典、罗马、开罗并称世界四大文明古都。

公元 618 年，李渊称帝，建立唐朝，定都长安。唐太宗和唐玄宗年间先后增建了大明宫和兴庆宫等宫殿。唐长安城面积约 87 平方公里，是西汉长安城的 2.4 倍，是元大都的 1.7 倍，是明清北京城的 1.4 倍；是公元 447 年所修君士坦丁堡的 7 倍，是公元 800 年所修巴格达的 6.2 倍，为古代罗马城的 7 倍。

唐大明宫占地 3.2 平方公里，相当于 3 个凡尔赛宫、4.5 个故宫、12 个克里姆林宫、13 个卢浮宫、15 个白金汉宫，充分显示了唐代宫城建筑的雄伟风貌。

长安城规模宏伟，布局严谨，结构对称，排列整齐。

外城四面各有三个城门，贯通十二座城门的六条大街是全城的交通干道。纵贯南北的朱雀大街则是一条标准的中轴线，它衔接宫城的承天门、皇城的朱雀门和外城的明德门，把长安城分成了东西对称的两部分，东部是万年县，西部是长安县，东、西两部各有一个商业区，称为东市和西市。城内南北 11 条大街，东西 14 条大街，把居民住宅区划分成了整整齐齐的 110 坊，其形状近似一个围棋盘。

唐长安城由外郭城、宫城、皇城三部分构成。宫城位于廓城北部中央，平面长方形，中部为太极宫，正殿为太极殿。东为皇太子东宫，西为宫人所居的掖庭宫。皇城接宫城之南，有东西街 7 条，南北街 5 条，左宗庙，右社稷，并设有中央衙署及附属机构。城东南角有一座人工园林——芙蓉园，园中有曲江池。

盛唐时期，长安城常住人口 185 万。其中，除居民、皇族、达官贵人、兵士、奴仆杂役、佛道僧尼、少数民族外，外国的商人、使者、留学生、留学僧等总数不下 3 万人。当时来长安与唐通使的国家、地区多达 300 个。

大唐的科技文化、政治制度、饮食风尚等从长安传播至世界各地。另外，西方文化通过唐长安城消化再创造后又辗转传至周边的日本、朝鲜、缅甸等国家和地区。唐长安城是西方和东方商业、文化交流的汇集地，是当时世界上最大的国际大都会。

那时候，长安城西北开远门立着一块石碑，上面写着"西去安西九千九百里"。安西在那个时候指的是在唐朝控制之下的西域。每每有经商的或者军队走丝绸之路时都要经过这里，这块石碑告诉人们，从长安到西域有九千九百里之遥，赤裸裸地彰显着盛世大唐疆域之广阔。

这座古老的城市里，住着无数得过且过的人们。市井平民、王侯将相，似乎都带着几分天生的慵懒。繁华里面，有春华秋实，也有水流花谢两无情。自然地，少不了彷徨，少不了醉生梦死。

有明暗的映衬，有悲欢的交织，大千世界才显得丰饶，人间故事才有那么多的起承转合。长安城里，杜甫独自斟酌，几分忐忑，几分孤独。他不知道未来会怎样。

只知道，月下的长安，寂静而苍凉。

像个老者，对过往行人，对繁华寥落，都只是冷眼旁观。

初至长安，杜甫的朋友很少。飞雪的日子，他独自听雪。偶尔出去走走，身后是沉默的两行孤独。幸好，有酒有诗。无论何年何月，有此二物，纵是茅庐听风雨，也总能拾得几分清雅和醉意。

很轻易地，杜甫想起了数月前与他同游共醉的李白。而此时，他们相隔几千里。杜甫写了首诗，题为《冬日有怀李白》，对过往乐事，空有感慨。

寂寞书斋里，终朝独尔思。

更寻嘉树传，不忘角弓诗。

短褐风霜入，还丹日月迟。

未因乘兴去，空有鹿门期。

分别后，偶尔捞起往事，很温暖，也很凄凉。

李白与杜甫，在后来的许多年，只能以诗来表达知己间的深情。

杜甫涉及或者写给李白的诗有二十余首，李白写给杜甫的仅有四首。于是人们总说，他们之间的情感不对等。其实，这主要是性格使然。李白这个人，不太牵绊于个人情感，可以说，他比杜甫洒脱。

另外，这与李白诗多有散佚有关。南宋诗人陆游，自言"六十年间万首诗"，存世的诗真有九千多首。杜甫说，李白斗酒诗百篇，虽有些夸张，但以李白之才华，一生写诗恐怕至少几千首。遗憾的是，他的诗大部分散佚了，只有不足千首存世。或许，他写给杜甫的诗，未必只有四首。

更何况，情深情浅，并不能由此看出。

各自天涯，山河迢递，能彼此挂牵，便不负朋友二字。

世间的许多情感，看似平淡寂静，却是无比深沉。往往，最深的情感，反而是深藏于心，不显山不露水的。对于李白，杜甫从未停止牵挂和思念。他知道，以李白纵逸狂傲的性情，行走于浮华俗世，必然不会平坦。后来那些年，他写了多首寄托思念的诗，他总是希望，待他如手足的李白，抱负有所依归，生活平顺安澜。

除夕之夜，万家灯火，京城甚是热闹。

然而，所有的欢聚与喧闹，似乎都与他无关。

他就在属于他的那个角落里，喝着酒，孤独地望着外面的世界。此时，开元盛世还未画上句号。但这惆怅的诗人，仿佛已从盛世脱身出来，于繁华的外面，看见了灯火下狂欢中的不安。

今夕何夕岁云徂，更长烛明不可孤。

咸阳客舍一事无，相与博塞为欢娱。

冯陵大叫呼五白，袒跣不肯成枭卢。

英雄有时亦如此，邂逅岂即非良图。

君莫笑刘毅从来布衣愿，家无儋石输百万。

一壶酒，一窗风。或许还有飞雪。

写着诗，半醉半醒。不知不觉，便来到了次年。

长安如旧，日子如旧。他是个过客。

## 繁华寂寞，咫尺之间

盛世大唐。迷人的字眼。

似乎，永远是那个朦胧摇曳的模样。

诗意纵横，酒气氤氲。诗人们举着酒杯，徜徉月下，醉卧花间。诗与酒，风和月，将一个时代，装点得美轮美奂。时光和往事，相聚和别离，都被安置在酒杯里，摇摇晃晃之间，成了美丽，成了哀愁。

杜甫在长安城里，领略着帝都风华，也感受着人生无奈。

已是春天。陌上花开，春江水暖，却只是别人的。

杜甫的春天，似乎始终不曾到来。似乎，他先于年岁，沉默地老去了。

大唐的故事，此时也不再平静安和，渐渐有了杂乱，有了云谲波诡。曾经励精图治，重用贤能之士，经过数年不懈努力，缔造了开元盛世的唐玄宗，如今已不复从前的进取之心。此时的他，更愿意在温柔乡里，过安逸的日子。

他的身边，有了那个叫杨玉环的女子。自然，她是美的，可谓风华绝代。

所以，他让大唐天子神不守舍。原本，她是唐玄宗之子寿王李瑁的王妃。后来，李瑁的母亲武惠妃亡故，玄宗郁郁寡欢。有人进言说杨玉环"姿质天挺，宜充掖廷"，于是唐玄宗将杨氏召入了后宫。

开元二十八年（740）十月，玄宗敕书杨玉环出家为女道士，道号"太真"。天宝四年（745），玄宗册立杨玉环为贵妃，还亲谱《霓裳羽衣曲》，召见杨贵妃时，令乐工奏此新乐，赐杨氏以金钗钿合，并亲自插在杨氏鬓发上。玄宗对后宫人说："朕得杨贵妃，如得至宝也。"

然后，许多日子，皇帝的生活，便充斥着旖旎与迷醉。

芙蓉帐的春天很暖，华清池的池水很滑。

承欢侍宴，缓歌曼舞，几无闲暇。无比风流快活。

红尘一骑远远驰来，妃子笑得灿烂。

大唐王朝的顶端，除了这位沉迷声色的天子，还有许多钩心斗角的臣子。口蜜腹剑的李林甫已在相位多年，他妒贤嫉能，闭塞言路，极尽专横跋扈之能事。自然，他的下面，少不了溜须拍马的奸佞之人。这些人翻雨覆雨、上蹿下跳、横征暴敛，大唐必然会渐渐远离平稳，变得孱弱。

而诗人们，还在尽情体会属于盛世的风情和快味。对于诗酒欢歌的日子，杜甫是非常向往的。他欣赏那些对酒当歌的人，所以他写了首诗，题为《饮中八仙歌》。其中有李白，有贺知章，还有六个无酒不欢的身影。

知章骑马似乘船，眼花落井水底眠。

汝阳三斗始朝天，道逢麹车口流涎，恨不移封向酒泉。

左相日兴费万钱，饮如长鲸吸百川，衔杯乐圣称避贤。

宗之潇洒美少年，举觞白眼望青天，皎如玉树临风前。

苏晋长斋绣佛前，醉中往往爱逃禅。

李白斗酒诗百篇，长安市上酒家眠，

天子呼来不上船，自称臣是酒中仙。

张旭三杯草圣传，脱帽露顶王公前，挥毫落纸如云烟。

焦遂五斗方卓然，高谈雄辩惊四筵。

　　四明狂客，是贺知章自号。他放诞旷逸，不拘小节。几年前，在长安遇见李白，因一见如故，便与之沽酒闹市，还将皇帝所赐金龟充作酒资。醉酒后的贺知章，骑着马走在街头，总是摇摇晃晃，如同乘船。因为醉眼昏花，以至于跌落井中而不知道，索性就在井底沉沉睡去。

　　汝阳王李琎，地位显赫，同样深爱杯中之物。他敢于饮酒三斗再上朝拜见天子，路遇酒车，他便垂涎欲滴，恨不得将自己的封地迁到酒泉去。天宝年间的左丞相李适之，因为好酒，常常饮宴宾客，饮酒日费万钱。在杜甫笔下，他酒量恢宏，如饮百川之水。后来，李适之受到李林甫排挤，罢相后，仍旧时常与亲友会饮，酒兴丝毫未减。

　　李白的朋友崔宗之，风流倜傥，俊逸洒脱。他豪饮时，高举酒杯，用白眼遥望天空，睥睨一切，旁若无人。喝醉后，宛如玉树迎风摇曳，不能自持。开元年间进士苏晋，曾为户部和吏部侍郎。虽然长期参禅斋戒，但是非常好饮，经常醉酒。

　　还有癫狂的张旭。他是草书圣手，醉酒的时候，不管是否有王公显贵在场，自顾自地脱下帽子，奋笔疾书，自由挥洒，字迹如云烟般舒卷自如。他喜欢的很简单，就是沉沉地醉去，然后在醉意蒙眬的时候，笔走龙蛇。还有布衣焦遂，也是嗜酒之人，且酒量惊人。据说，他喝酒五斗后方有醉意，总会高谈阔论，滔滔不绝，常常语惊四座。

　　当然，最让杜甫钦佩的，还是被贺知章称为谪仙人的李白。

天子换来不上船，自称臣是酒中仙，这就是他。

桀骜不驯，豪放纵逸。诗仙，该是如此。

杜甫就像是作了一幅画，将这些嗜酒之人巧妙地安置其中。看那些癫狂恣肆的身影，就能看出杜甫骨子里的狂傲。他何尝不想，带着几分酒意，在醉与醒之间，潇洒地度过人生。但他又不愿独善其身，从小的儒家教育让他心怀天下。

只是，报国无门，济世无路。

那份赤诚之情，终于没能被那王朝真诚安放。

随着眼中的世界渐渐昏暗，终于成了愤懑与忧伤。

天宝五年（746），长安发生了一起震动全国的大案。李林甫千方百计地想要剥夺太子李亨的储君位置，有预谋地组织了一场对东宫近臣和亲友的大屠杀。天宝六年初，太子妃的兄长韦坚被流放，不久后被杀，皇甫惟明被下令自裁。

在此案中，李林甫恣意罗致，广泛株连，坐贬者达数十人。杜甫《饮中八仙歌》中的左相李适之，先是被罢相，改授太子少保，又被贬为宜春太守，后服毒自尽。甚至，年迈的北海太守李邕，也在此案中被杖杀。杜甫的朋友，给事中房琯也被逐出了京城。

天宝六年十月，唐玄宗下令王嗣宗发兵攻打吐蕃石堡城，后者上疏主张持重稳守，被扣上了阻挠军功的罪名，李林甫落井下石，唆使人诬告王嗣宗。结果，王嗣宗被贬汉阳太守，不久忧愤而死。

这些事，当时的杜甫恐怕并不知晓。

但是，当历史的真相呈现在他面前，他必会无比愤慨。

世态的丑陋，岁月的清白，在他的诗里清清楚楚。

天宝六年（747），玄宗开设制科考试，诏令"通一艺以上皆诣京师"。

换句话说，但凡有一技之长者，皆能入京参加考试。杜甫和诗人元结都参加了这次考试。然而，李林甫却在这次考试中施展专权手段，以致无人被录取。李林甫给皇帝的答复竟是野无遗贤。

杜甫原本是抱着很大希望前去的，结果却如此收场，心中的愤懑可想而知。数年后，李林甫去世，杜甫终于在诗中一吐悲愤："破胆遭前政，阴谋独秉钧。微生沾忌刻，万事益酸辛。"此外，在他的《贫交行》中也写道：翻手作云覆手雨，纷纷轻薄何须数。

这一年，孔巢父离开长安前往江东，京师好友蔡侯为其设宴践行，杜甫在席间吟诗一首，以赞巢父之才德，题为《送孔巢父谢病归游江东兼呈李白》。

巢父掉头不肯住，东将入海随烟雾。

诗卷长留天地间，钓竿欲拂珊瑚树。

深山大泽龙蛇远，春寒野阴风景暮。

蓬莱织女回云车，指点虚无是归路。

自是君身有仙骨，世人那得知其故。

惜君只欲苦死留，富贵何如草头露？

蔡侯静者意有余，清夜置酒临前除。

罢琴惆怅月照席，几岁寄我空中书？

南寻禹穴见李白，道甫问讯今何如？

孔巢父字弱翁，孔子三十七世孙，与杜甫和李白皆交情匪浅。

数年前，孔巢父与李白、韩准、张叔明、陶沔、裴政隐居徂徕山，称"竹溪六逸"。其人德才兼备，初被举荐长安为官。天宝六载，辞官归隐江东（今浙江会稽）。之所以辞官，大概就是对朝廷奸佞当道极其厌恶和悲愤。

后来，孔巢父为扶救社稷，再度复出，担任湖南观察使。唐德宗建中年间，升至给事中。因其足智多谋，善于辞令，深得朝廷器重，称为"知君名宦"。

我们看到，送别孔巢父，却掩不住对李白的牵挂，足见杜甫对李白情深义重。可惜，苍茫茫的人间，他只能隔着千山万水，对那来去如风的诗人，道声安好。

诗酒酬唱，快意飘洒，毕竟已是从前。

他亦有疏狂在心。但无论如何，做不到李白那样的飘洒。

长安月冷。他不得不为生计而奔走。偶尔饮酒思虑。

他已看到，繁华中若隐若现的萧瑟。

甚至，还有山雨欲来。


红尘如客栈

一川烟草，满地秋凉。

红尘如客栈，世事若浮云。

走走停停，是我们孤独的身影；疏疏落落，是我们飘零的往事。回头看，走过的都是天涯，经历的都是故事。终于明白，除了不断丰盈却又渐渐憔悴的自己，我们不曾拥有什么。其实，出发的时候，我们就已开始与这世界道别了。

不同的是，有的人走得匆忙，连个道别的仪式都没有。

有的人，人生厚重，笑得淡然。那是对世界的深情。

杜甫属于后者。人生寥落，他却始终热情地活着，以诗情，以慈悲。现在，他还在长安。在那场关于"野无遗贤"的闹剧之后，为实现自己的政治理想，杜甫不得继续走权贵之门，投赠干谒，但都无结果。他客居长安十年，奔走献赋，郁郁不得志，过着贫困的生活，就像他在诗文中所写：举进士不中第，困长安。

可以说，在长安的杜甫，是苦撑着度日。

后来忆及这段岁月，他这样写道：买药都市，寄食友朋。

有个词叫长安米贵。少年白居易来到长安，带着自己的诗稿去拜访文坛前辈顾况，后者看到他的名字，便嘲笑道："长安米贵，居大不易。"也就是说，长安这座城市，不是谁都能常住于此的。不过，当顾况看到"野火烧不尽，春风吹又生"这两句，便立刻改口说："道得个语，居即易矣。"意思是说，凭你所写的诗，可在长安立足。

当然，话虽如此，想要仅凭才华在长安生存，实在不容易。到处是达官贵人，文人若无功名在身，纵然才华满腹，也往往会被鄙薄。古时如此，今时仍是如此。

在长安生活，杜甫也离不开朋友接济。对他扶助最多的，是韦济、李琎等人。韦济于天宝七年（748）由河南尹拔擢至尚书左丞，监管吏部、户部和礼部事务。他比杜甫年长二十余岁，对杜甫的才华非常欣赏，也常有资助。杜甫曾写诗相赠，题为《奉赠韦左丞丈二十二韵》：

纨绔不饿死，儒冠多误身。丈人试静听，贱子请具陈。

甫昔少年日，早充观国宾。读书破万卷，下笔如有神。

赋料扬雄敌，诗看子建亲。李邕求识面，王翰愿卜邻。

自谓颇挺出，立登要路津。致君尧舜上，再使风俗淳。

此意竟萧条，行歌非隐沦。骑驴十三载，旅食京华春。

朝扣富儿门，暮随肥马尘。残杯与冷炙，到处潜悲辛。

主上顷见征，欻然欲求伸。青冥却垂翅，蹭蹬无纵鳞。

甚愧丈人厚，甚知丈人真。每于百僚上，猥颂佳句新。

窃效贡公喜，难甘原宪贫。焉能心怏怏，只是走踆踆。

今欲东入海，即将西去秦。尚怜终南山，回首清渭滨。

常拟报一饭，况怀辞大臣。白鸥没浩荡，万里谁能驯？

心中日月，笔下乾坤。这就是杜甫。

这首诗里，有狂傲，有不羁，也有生活的无奈。

他说，"赋料扬雄敌，诗看子建亲；李邕求识面，王翰愿卜邻"。惊世的才气，让他傲视天下文人。甚至，连李邕、王翰这样的文人，也以与之相识相邻为荣。事实上，他并不满足于诗酒生活，他有着辅弼君王的理想，也就是：致君尧舜上，再使风俗淳。修身齐家，治国平天下，然后功成身退，他理想的人生大抵是这样。

然而，现实却是，多年之后，他仍在人间漂泊。

他说："朝扣富儿门，暮随肥马尘；残杯与冷炙，到处潜悲辛。"

这样的生活可谓凄惨。但不管怎样，日子总要过。

生活二字，本就是难解的谜题。有日光倾城，就有雨雪凄迷；有春和日暖，就有秋风萧瑟。我们能做的，不过是在低回冷落的时候，保持足够的勇气和热忱，以待月朗风清。认清了生活的模样，仍能与生活坦然对酌。或许，这就是答案。

汝阳王李琎，也就是杜甫《饮中八仙歌》中恨不得移居酒泉的那位，是唐玄宗侄子。不过，他大概是深知朝廷阴晴难测，并未在朝中任职，直到去世。杜甫到长安后，结识了汝阳王，尽管地位悬殊，但因性情相投多有往来。汝阳王对杜甫多有接济，杜甫也曾以诗相赠，其中写道：

学业醇儒富，辞华哲匠能。笔飞鸾耸立，章罢凤骞腾。
精理通谈笑，忘形向友朋。寸长堪缱绻，一诺岂骄矜。
已忝归曹植，何知对李膺。招要恩屡至，崇重力难胜。
披雾初欢夕，高秋爽气澄。尊罍临极浦，凫雁宿张灯。
花月穷游宴，炎天避郁蒸。研寒金井水，檐动玉壶冰。
瓢饮唯三径，岩栖在百层。且持蠡测海，况把酒如渑。
鸿宝宁全秘，丹梯庶可凌。淮王门有客，终不愧孙登。

他们，曾披雾欢饮，也曾对月倾谈。

长安月下，有诗有酒，有两个放旷的身影。

据《晋·隐逸传》载：孙登居汲郡北山，好读《易经》，抚一弦琴，嵇康从之游，三年，问其所图，终不答。将别，乃曰："子才多识寡，难免于今之世矣。"嵇康后来果遭非命，乃作《幽愤》诗曰："昔惭柳下，今愧孙登。"杜甫用此典，意思是作为汝阳王门客，自己定会有所作为，不使其失望。

这首诗格律严谨，用典丰富，可谓杜甫长律之代表作。胡应麟曾评价说："杜排律五十百韵者，极意铺陈，颇伤芜碎。盖大篇冗长，不得不尔。惟赠汝阳、哥舒、李白、见素诸作，格调精严，体骨匀称。每读一篇，无论其人履历，咸若指掌，且形神意气，踊跃毫楮，如周昉写生，太史序传，逼夺化工。而杜从容声律间，尤为难事，真古今绝诣也。"

天宝八年（749）冬，杜甫曾离开长安回到故乡，在洛阳城北参谒当时已改名太微宫的玄元皇帝庙。在那里，他欣赏了吴道子的壁画《五圣图》，并写诗以记。此番归乡时间很短，不久后他便回到了长安。

天宝九年（750），杜甫赠诗给张垍以求荐引，题为《奉赠太常张卿垍二十韵》。张垍为前宰相、文坛宗主张说次子，也是玄宗的女婿，所以特受恩宠，许于禁中置内宅，侍为文章，赏赐珍玩，不可胜数。

次年正月，玄宗在长安举行了三场祭祀活动：祭祀玄元皇帝、太庙和天地。因有张垍的协助，杜甫得以趁机进献三大礼赋，分别为《朝献太清宫赋》《朝享太庙赋》《有事于南郊赋》。这三篇礼赋文辞华丽，气势恢宏，玄宗读后大为赞赏，便让他待制集贤院，还命宰相考核他的诗文。史书上记载说"帝奇之，使待制集贤院，命宰相试文章"。

对于杜甫，这算是长安岁月少有的荣耀时刻。

看上去，距离实现自己的抱负，似乎近在咫尺。

然而，事情的结局，却是不了了之。

杜甫有首诗题为《莫相疑行》，其中写道："忆献三赋蓬莱宫，自怪一日声辉赫。集贤学士如堵墙，观我落笔中书堂。"就是说，他接受考核，写文章的时候，集贤殿书院的学士们争相围观，看他潇洒落笔。显然，那是令人羡慕的场景。可结果，让他很无奈。他在诗中写道：

昭代将垂白，途穷乃叫阍。气冲星象表，词感帝王尊。

天老书题目，春官验讨论。倚风遗鹢路，随水到龙门。

竟与蛟螭杂，空闻燕雀喧。青冥犹契阔，陵厉不飞翻。

儒术诚难起，家声庶已存。故山多药物，胜概忆桃源。

欲整还乡旆，长怀禁掖垣。谬称三赋在，难述二公恩。

就这样，欣喜开始，愤懑结束。

他说，空闻燕雀喧闹，难展鸿鹄之志。

按理说，杜甫的文采与品行几乎是无可挑剔的。但那场考试后，他被通知静候结果。这一等，便是永无下文。史书上记载：送隶有司，参列选序。就是说，待有时机，便即起用。

其实，仍是李林甫从中作梗。从前，他说野无遗贤，如今也不允许杜甫这样的贤达之人出现在皇帝身边。李林甫妒贤嫉能，却偏偏在朝堂上只手遮天，可以说，只要有他在，杜甫就难有出头之日。话说回来，杜甫即使因这三篇礼赋被起用，怕也不过如李白那样，在皇帝身边做个粉饰太平的闲散文人。这与杜甫的初衷，显然是大相径庭的。

天宝十年（751），四十岁的杜甫，还是飘荡无依的模样。生活清苦，他的身体也渐渐变得衰弱。这年秋天，长安多雨，到处有房舍倾塌。杜甫染上了疟疾，生活更是凄惶。他给友人王倚写信说："疟疠三秋孰可忍，寒热百日相交战。"

他在诗中写道："君不见空墙日色晚，此老无声泪垂血。"

心忧天下的杜子美，似乎被那个世界遗忘了。

他只能，以诗为炉火，得几分温暖。


烂醉是生涯


不惑之年的杜甫，活得寂静而潦倒。

长安的繁华都是别人的，他在繁华之外，独面满地的凄凉。

幸好，他足够坚强。对生活，他从未失去热情。事实上，因为有诗，他渐渐从困窘中走了出来，放下了个人的小悲喜，拾起的，是整个时代的浮沉跌宕。

他已看见，所谓的大唐盛世，早已是阴云密布。天子声色犬马，权臣遮天蔽日，大唐政治早已不复从前的清明。而边境，也因为统治者的穷兵黩武而时有烽火，结果必然是苍生罹祸，百姓流离。

天宝六年，高仙芝远征吐蕃，长途跋涉，与吐蕃会战于连云堡；天宝八年，哥舒翰强攻吐蕃石堡城，唐军伤亡数万人，战后尸横遍野；天宝九年，杨国忠推荐鲜于仲通担任剑南节度使，次年四月，后者发兵八万征讨南诏，南诏王阁罗凤求和，鲜于仲通不同意，双方展开恶战，结果唐军大败，折损数万人。

杨国忠不仅隐瞒了败绩，还在两京与河南、河北等地强行募兵，百姓不同意，他就派御史捕人，戴上枷锁送往军所，征兵之地怨声载道。对于此等行径，杜甫痛心疾首，却又无计可施，他只能写诗表达谴责与悲哀。

他写了《前出塞》九首，诗中写道："杀人亦有限，立国自有疆。苟能制侵陵，岂在多杀伤？"对无谓的边境战争提出了疑问。杜甫曾亲眼所见，士兵出发时，其父母妻子拦道牵衣，哭声震天；他也曾亲眼所见，万千青壮年被强行征兵后，良田无人耕种，妻儿无所依凭。

自然，杜甫知道，真实的战争必是碧血连城、白骨成丘。许多年后，一个叫陈陶的诗人这样写道："可怜无定河边骨，犹是春闺梦里人。"这就是战争的残酷与真实。杜甫写了首《兵车行》，想必写这首诗的时候，他的心在滴血。

车辚辚，马萧萧，行人弓箭各在腰。

爷娘妻子走相送，尘埃不见咸阳桥。

牵衣顿足拦道哭，哭声直上干云霄。

道旁过者问行人，行人但云点行频。

或从十五北防河，便至四十西营田。

去时里正与裹头，归来头白还戍边。

边庭流血成海水，武皇开边意未已。

君不闻汉家山东二百州，千村万落生荆杞。

纵有健妇把锄犁，禾生陇亩无东西。

况复秦兵耐苦战，被驱不异犬与鸡。

长者虽有问，役夫敢申恨？且如今年冬，未休关西卒。

县官急索租，租税从何出？信知生男恶，反是生女好。

生女犹得嫁比邻，生男埋没随百草。

君不见，青海头，古来白骨无人收。

新鬼烦冤旧鬼哭，天阴雨湿声啾啾。

天宝十年（751）末，杜甫在远房从弟杜位家中度过了除夕。

杜位是李林甫的女婿，其私宅在长安东南，濒临曲江。本是合家团聚的日子，却只能在别人家里惨淡度过，滋味可想而知。他在《杜位宅守岁》中写道："四十明朝过，飞腾暮景斜。谁能更拘束，烂醉是生涯。"实际上，对于那些年的杜甫，温饱都成问题，沽酒买醉几乎是件奢侈的事。

在长安生活的后期，有三个朋友给了杜甫不少慰藉，分别是高适、岑参、郑虔。高适在宋州与杜甫和李白分别后，浪游数载，最终在河西节度使哥舒翰幕府做书记，天宝十一年到了长安。岑参与高适合称"高岑"，自天宝八年开始在安西四镇节度使高仙芝的幕府任书记，天宝十年随高仙芝入京。

郑虔为盛唐著名高士，文学家、诗人、书画家，又是精通经史、天文、地理、博物、兵法、医药近乎百科全书式的一代通儒，杜甫称赞他"荥阳冠众儒""文传天下口"。天宝九年，郑虔自作山水画一幅，并自题诗献上，玄宗大加赞赏，御署"郑虔三绝"，并特置广文馆于最高学府国子监，诏授首任博士，从此名扬天下。杜甫与他交情匪浅，不仅诗酒酬对，也曾纵游山水。

一次，他们同游山林，兴之所至，杜甫作诗以记。

不识南塘路，今知第五桥。名园依绿水，野竹上青霄。
谷口旧相得，濠梁同见招。平生为幽兴，未惜马蹄遥。

幽意忽不惬，归期无奈何。出门流水住，回首白云多。
自笑灯前舞，谁怜醉后歌。只应与朋好，风雨亦来过。

对于那些年的杜甫来说，这是少有的悠然时光。

长安这个地方，于许多人是依归之处，于他却只如荒野。

世间的很多地方，只有身在其中才知道，到底是明艳还是黯淡。就仿佛，遇见某处风景，从外面看山明水净，走过去才发现，明净的外表下尽是泥淖，尽是枯枝败叶。故事外面的人们，只知道故事曲折动人，却不知具体的情节里，有怎样的苦辣酸甜。

天宝十一年（752）秋，杜甫偕同高适、岑参、薛据、储光羲，登临了曲江附近著名的慈恩寺大雁塔。秋高气爽，云淡风轻，与几个好友登高望远，应该说，那是极其快意的日子。这样的情节里，少不得赋诗。

除了薛据的诗已散佚，其余几人所作之诗皆流传于世。杜甫的诗，有明显的愁绪。大概，满目的秋光里，他已看到了大唐河山动荡的迹象。

高标跨苍天，烈风无时休。自非旷士怀，登兹翻百忧。

方知象教力，足可追冥搜。仰穿龙蛇窟，始出枝撑幽。

七星在北户，河汉声西流。羲和鞭白日，少昊行清秋。

秦山忽破碎，泾渭不可求。俯视但一气，焉能辨皇州。

回首叫虞舜，苍梧云正愁。惜哉瑶池饮，日晏昆仑丘。

黄鹄去不息，哀鸣何所投。君看随阳雁，各有稻粱谋。

天宝十一年深冬，李林甫病死。

然而，继之为首相的杨国忠，也并非忠厚贤良之人。

相反，此人才德缺损，虽不似李林甫那样狡诈，却深谙阿谀逢迎之道，升为首相之后亦是专横跋扈，使得朝堂上鬼蜮横行，最终导致了安史之乱。杨国忠本名杨钊，年轻时在蜀中混迹市井，嗜酒好赌，放荡无行。后来，杨玉环得宠，靠着远房亲属的关系，杨国忠被召入宫中，步步高升，直至宰相。

很可悲的是，除了杨国忠，与杨玉环有关的许多人，都承恩极深，心安理得地享受着富贵荣华。杨玉环被册立为贵妃后，养父杨玄珪被提升为光禄卿，哥哥杨铦升任鸿胪卿，堂兄杨锜当上了侍御史。

最受瞩目的是杨玉环的几个姐姐。大姐被封为韩国夫人，三姐被封为虢国夫人，八姐被封为秦国夫人。不仅皆赐宅长安，每月还各领脂粉费十万钱。玄宗游幸华清池，以杨氏五家为扈从，每家一队，穿一色衣，五家合队，五彩缤纷。沿途掉落首饰遍地，其奢侈无以复加。杨家一族，娶了两位公主，两位郡主，玄宗还亲为杨氏御撰和彻书家庙碑。

半个世纪后，白居易在《长恨歌》中写道："姊妹弟兄皆列土，可怜光彩生门户。遂令天下父母心，不重生男重生女。"杨家满门光彩照人，杜甫深恶痛绝。

天宝十二年（753），杜甫作诗《丽人行》，通过描写杨氏兄妹曲江春游的情景，揭露了自玄宗以下统治者荒淫腐朽作威作福的丑态，从一个角度反映了安史之乱前夕的社会现实。全诗场面宏大，鲜艳富丽，笔调细腻生动，讽刺含蓄不露，达到了前人所说"无一刺讥语，描摹处语语刺讥；无一慨叹声，点逗处声声慨叹"的艺术效果。

三月三日天气新，长安水边多丽人。

态浓意远淑且真，肌理细腻骨肉匀。

绣罗衣裳照暮春，蹙金孔雀银麒麟。

头上何所有？翠微盍叶垂鬓唇。

背后何所见？珠压腰衱稳称身。

就中云幕椒房亲，赐名大国虢与秦。

紫驼之峰出翠釜，水精之盘行素鳞。

犀箸厌饫久未下，鸾刀缕切空纷纶。

黄门飞鞚不动尘，御厨络绎送八珍。

箫鼓哀吟感鬼神，宾从杂遝实要津。

后来鞍马何逡巡，当轩下马入锦茵。

杨花雪落覆白苹，青鸟飞去衔红巾。

炙手可热势绝伦，慎莫近前丞相嗔！

他的诗，从苍生的疾苦，转到了统治者的庸碌荒淫。

民生多艰，朝廷腐朽，许多人沉默着，却也有人冰冷下笔。

杜甫很难过，他想要辅佐的天子，没了从前的志气，也没了该有的识人之明。如果说重用李林甫、杨国忠等人还只是导致朝廷昏暗，那么重用安禄山则是河山破碎的开始。玄宗不知道也不相信，备受恩遇的安禄山会有谋逆之心。

温柔乡里，君王还在醉生梦死。那国色天香的女子给了他倾世的温柔，他便为了她不吝挥洒雨露。曾经英姿勃发的天子，如今迷醉于温香软玉。当然，他也没忘记寻求长生不老之术。

权臣当道，民怨沸腾，河山动荡，他都置若罔闻。

开元盛世，在缓歌曼舞中，渐行渐远。

# 第三卷：乱世浮沉

世间没有人天生喜欢流浪。

如果可以，我们都愿意活得安适太平。

只是，若生活赋予我们流浪，我们便只能风雨兼程。

## 凄凉为折腰

岁月惝恍，世相迷离。

走过这人间，我们都需要一颗随遇而安的心。

如此，方能在水尽山穷之时，回到内心深处，饮一杯浊酒，慰藉风尘。

天宝十二年（753）八月，长安秋雨连绵，连续两月不晴，饥馑到来，物价飞涨。玄宗下令，政府从太仓里拨出十万石米低价卖给长安民众，每人每天领米五升，直到次年春。这期间，杜甫写了若干关于这场雨的诗篇，其中包括三首《秋雨叹》，他说："阑风长雨秋纷纷，四海八荒同一云。去马来牛不复辨，浊泾清渭何当分？"

同时，他经常去往郑虔住处，与之痛饮。

霏霏的淫雨中，有人对酌，也算是乐事一桩。

未必悠然，但一定是快意的。

这年，曾在山东与杜甫同游的苏源明也到了长安，任国子监司业。他常与杜甫和郑虔相约，把酒论文，相谈甚欢。杜甫与这二人交情颇深，十几年后两人先后亡故，杜甫很是悲伤，作诗祭奠。他说："故旧谁怜我，平生郑与苏。"

一片雨声，几分酒意，有故友相伴，倒也不算寂寥。

自然地，这样的画面，是应该有诗的。杜甫写有《醉时歌》。

得钱即相觅，沽酒不复疑。

忘形到尔汝，痛饮真吾师。

清夜沉沉动春酌，灯前细雨檐花落。

但觉高歌有鬼神，焉知饿死填沟壑？

相如逸才亲涤器，子云识字终投阁。

先生早赋归去来，石田茅屋荒苍苔。

儒术于我何有哉，孔丘盗跖俱尘埃。

不须闻此意惨怆，生前相遇且衔杯！

初至长安的时候，杜甫没有固定居所，常在客舍落脚。大约在天宝十年（751）后，他定居于曲江南、少陵北、下杜城东、杜陵西一带。此后，他自称少陵野老、杜陵野客、杜陵布衣。有了固定居所之后，杜甫将妻子接到了长安。

长子宗文应是在此之前已出生，次子宗武大约出生于天宝十二年。后来在奉先饿死的幼儿，此时还没有出生。杜甫在《北征》诗中写道："床前两小女，补绽才过膝。"可见他还有两个女儿，只是对她们的名字和生平，史书并无记载。

有妻子陪伴，少了些孤独。但同时，杜甫的负担比孑然飘零时重了许多。那几年风雨不调，长安饥馑流行，很多人家为解燃眉之急，不得不将御寒的被褥拿来换米。杜甫的景况也很是窘迫，不得已，秋雨之后，他将妻子送往奉先（陕西蒲城）寄居。彼时，奉先县令姓杨，大概是杜甫妻子同族。

尽管世道艰难，杜甫还在为自己的夙愿努力着。实际上，在政治昏暗的天宝后期，如他这样的文人，纵有千般豪情万般壮志，也难有出头之日。只是，他那颗济世辅君之心，始终在热诚地跳动着。

天宝十二（753）年，杨国忠将曾经周济过自己的鲜于仲通召入京城，任命其为京兆尹。杜甫写有《奉赠鲜于京兆二十韵》，大概是希望通过鲜于仲通，给自己带来一纸任命书，可惜此事并没有喜人结果。

天宝十三年（754），杜甫再次献赋，题为《封西岳赋》，建议皇帝再行典仪，祀封太华山。在这篇赋文中，杜甫对杨国忠颇有奉承之意。显然，这与杜甫刚正傲岸的性情是不相匹配的。

生活的难题摆在面前，他也是不得已而为之。

为了生存，有时候我们不得已与真实的自己暂时告别。

最重要的是，在对生活做出让步之后，仍能寻回曾经的自己。

以杜甫的为人，定然不屑与杨国忠这等卑劣之人为伍。只不过，在人间漂泊太久，他渐渐明白了如何生存，如何与生活安然相处。他不会蝇营狗苟，亦不愿曲意逢迎。若非山穷水尽，定不会折损性情。

这篇《封西岳赋》，杜甫是希望通过献纳使田澄呈送到皇帝面前。为此，他还写了首《赠献纳使起居田舍人》，其中写道："献纳司存雨露边，地分清切任才贤。"但是，是否送至，无人知晓。

转眼已是天宝十三年（754）深秋。鲜于仲通离开了长安，并未给杜甫的仕途带来丝毫益处。高适在武威节度使哥舒翰幕中任职，岑参在安西节度使封常清幕中任职，都已不在长安。此时的杜甫，似有效仿高岑二人的想法，在哥舒翰的信使由长安返回武威时，他曾写诗赠别，并托其转交给哥舒翰一首诗，题为《投赠哥舒开府翰二十韵》。可以说，这算是杜甫入幕之申请。然而，此事并无下文。

这年，杜甫在奉先度过了残冬。

现世冰冷，往事飘零。他难得欢颜。

他是个诗人，但也是个丈夫和父亲。他的笔下，有丘壑林泉，有风雅快味，有世事沧桑。但真实的生活，无可推卸的生计难题，让他身影憔悴。人们说，风花雪月，敌不过柴米油盐。的确如此。即使有旷世的才情，也终要在琐碎的日子里活着。

天宝十四年（755）初春，杜甫回到了长安。他写诗给韦见素，希望得其援助。可惜，韦见素虽身为宰相，地位仅次于杨国忠，却生性懦弱，为杨国忠马首是瞻。尽管同情杜甫遭遇，却并未伸出援手。

暮春时节，杜甫为去世已久的皇家淑妃、驸马郑潜耀的岳母写了篇碑文。郑潜耀大概是郑虔同族堂兄，此次撰写碑文，想必是郑虔推荐。反正，这次撰写碑文的润笔报酬使杜甫暂时摆脱了窘境。

秋天，杜甫再次献赋。他写了两篇赋，分别为《雕赋》和《进雕赋表》。在《进雕赋表》中，杜甫暗示皇帝，自己不想通过寻常的磨勘程序获得任命，而是希望以自己的才学直接为皇帝效命。这两篇赋文笔调大胆，恐怕难以到皇帝面前。

知道的是，这年十月，杜甫被任命为河西县尉。这是一个从九品的职位，是唐代品级最低的官职。唐代的官职以品级来论，品级中又分正品、从品，然后又分上下等，比方说八品，就有正八品上，正八品下，从八品上，从八品下。可以说，对于志存高远的杜甫来说，这个职位可谓鸡肋。

而且，这个官职，不仅品级低微，还必须逢迎长官，鞭笞逃避服役和拖欠赋税的治下百姓。高适在封丘任县令时，曾写诗表达无奈："只言小邑无所为，公门百事皆有期。拜迎长官心欲碎，鞭挞黎庶令人悲。"对心存黎民，有济世愿望的杜甫来说，这个职位是他无法接受的。

试想，假如换作李白，恐怕已经拂袖而去了。

但杜甫没有。他虽拒绝了这个职位，却还在等待新的任命。

全家的饱暖，他都得背负。他注定不能如李白那般潇洒。

放浪人间，潇洒飘逸，终究只属于少数人。负重前行的人们，有几人能来去如风，有几人能于荒凉浮世，活得轻描淡写？李白被称为诗仙，天生的仙风道骨。而杜甫，被称为诗圣，注定要脚踏实地，于冷落萧条的人世，历尽沧桑，活出泰然自若，活出深邃高远。

不久后，杜甫又接到了任命，是右卫率府兵曹参军，任务是看守兵甲器杖，管理门禁钥匙等，从八品下。为了一家生计，杜甫接受了任命，他写了首《官定后戏赠》，颇有自我解嘲意味：

不作河西尉，凄凉为折腰。老夫怕驱走，率府且逍遥。
耽酒须微禄，狂歌托圣朝，故山归兴尽，回首向风飙。

陶渊明说，不愿为五斗米而折腰。

真正的诗人大都如此。傲岸不屈，是属于他们的风骨。

但是现在，杜甫虽拒绝去做河西县尉，却不得不接受右卫率府兵曹参军这个聊胜于无的职位。他也曾狂放不羁，但是多年以后，他只能收起狂放，与生活握手言和。值得庆幸的是，这个职位算是个京官，虽俸禄低微，起码有酒喝。

于喧闹浮华的世界，他仍是个人微言轻的诗人。

但就是这个诗人，正在以消瘦身影，丈量红尘悲苦。

十年，恍然如梦。长安岁月，一纸凉薄。


## 乱世流亡

流浪，就是生命的主题。

世间的每个人，都不过是天涯过客。

将自己交给远方，凄凉也好，寂静也好，都必须坦然面对。

流浪，就意味着憔悴，就意味着伶仃孤苦。但别忘了，流浪的路上，山水是你的，云月是你的。若能心安，那便是一个人的烟雨江湖。

从流浪到流浪，从漂泊到漂泊，这几乎就是杜甫的人生。令人欣慰的是，他就在那些漂沦憔悴的岁月里，日渐成熟练达，日渐丰盛沉着。经过的夜雨凄迷，遇见的苍生疾苦，他都赋予深情，落笔成诗，无限饱满。

接受了右卫率府兵曹参军的任命后，杜甫暂时离开长安，前往奉先探望家人。已是冬天，一路所见，除了人间萧瑟，还有百姓流离。被统治集团盘剥欺凌下的大唐黎民，早已苦不堪言。而大唐天子，还在芙蓉帐里，与那媚眼如花的女子尽情缠绵。

那是一幅由青史下笔的讽刺画：富丽奢华的宫廷里，皇帝与他的贵妃无限缱绻，与之形成鲜明对照的是，万里河山，到处可见生命的飘零与哀叹，事实上还有饿殍满地。就在这两者之间，无数奸佞之人翻云覆雨，无比放肆，无比贪婪。远方，大唐的边境，已是烽烟弥漫。备受宠幸的戍边大将，已跨马而来，大唐江山将被踏得凌乱不堪。

尽管满眼凄惨，想着即将与家人团聚，杜甫还是有几分欣喜。

然而，等待他的，竟是未满周岁的幼子不幸饿死的噩耗。

杜甫心痛如刀绞。但他，不得不收起悲伤，向万里河山望去。他知道，如他这般，经受生离死别之苦的，天下还有无数人。他将自己从长安到奉先所见所感写成了一首题为《自京赴奉先县咏怀五百字》的长诗，算是对十年长安生活的总结。

> 杜陵有布衣，老大意转拙。许身一何愚，窃比稷与契。
> 居然成濩落，白首甘契阔。盖棺事则已，此志常觊豁。
> 穷年忧黎元，叹息肠内热。取笑同学翁，浩歌弥激烈。
> 非无江海志，潇洒送日月。生逢尧舜君，不忍便永诀。
> ……
> 臣如忽至理，君岂弃此物。多士盈朝廷，仁者宜战栗。
> 况闻内金盘，尽在卫霍室。中堂舞神仙，烟雾散玉质。
> 暖客貂鼠裘，悲管逐清瑟。劝客驼蹄羹，霜橙压香橘。
> 朱门酒肉臭，路有冻死骨。荣枯咫尺异，惆怅难再述。

这首诗里，有曾经辉煌的王朝渐渐没落后的动荡不安，有黎民百姓无处逃避的苦楚流离，有大厦将倾之前天子和权贵们的醉生梦死。当然，还有他自己，这个在盛世成长起来的文人，在昏暗现实面前的愤懑与无奈。

杜甫，就像个冷眼旁观的观众。

他清楚地看到了大唐由盛而衰的根源。

他站在高处，冷冷地揭示了整个社会的不合理和不公正。

在这样的社会里，到底该隐退泉林，独享山水之乐，还是坚持理想，直面惨淡世事，杜甫其实是很矛盾的。从这首长诗可以看出，此时的杜甫，无论是诗艺还是思想，都已臻于少有人与之匹敌的境界。

写这首诗的时候，杜甫还不知道，兵连祸结的岁月已悄然来临。

天宝十四年（755）十一月初九，安史之乱爆发。

身兼范阳、平卢、河东三节度使的安禄山，发动属下将士，连同罗、奚、契丹、室韦等少数民族士兵共十五万人，号称二十万人，以忧国之危、奉诏讨伐杨国忠为借口，在范阳起兵。安禄山乘铁舆，其属下步骑精锐烟尘千里，鼓噪之声震地。海内承平日久，骤然兵爨又起，远近震惊。

安禄山本名轧荦山。父亲是胡人，母亲是突厥人。他儿时丧父，随母亲在突厥族里生活。长大成人后，通晓六国语言，狡黠奸诈，凶狠毒辣，善揣人意。

开元二十年（732），张守珪任幽州节度使，将安禄山招至麾下，因其骁勇，又收其为义子。开元二十八年（740），安禄山任平卢兵马使。因善于钻营，朝廷授予他营州都督、平卢军使官衔。他用厚礼贿赂往来官员，要求在朝廷为他多说好话。又因李林甫在玄宗面前对他赞赏有加，玄宗对他很是信任。

天宝元年（742），唐玄宗在平卢设置节度，安禄山为节度使，代理御史中丞。此后便可入朝上奏议事。后来安禄山请求当了杨贵妃的养子，玄宗更加宠信和倚赖他。天宝三年（744），安禄山兼范阳节度使；天宝九年（750），兼河北采访处置使；天宝十年（751）兼河东节度使，成为全国拥军最多的节度使。

那时候，安禄山掌管三大军区，统辖华北、东北大部，拥有兵力占大唐十大节度使总兵力的百分之四十左右。安禄山的子嗣也受到了重用，长子安庆宗任太仆卿，幼子安庆绪任鸿胪卿，安庆宗还娶了皇太子的女儿为妻。

尽管受皇家如此厚遇，安禄山却并未安心保境安民。他不仅好大喜功，故意向契丹等民族挑起战端，以获取军功好向朝廷邀宠；而且，明修栈道，暗度陈仓，在自己的控制范围内不断扩充兵力，伺机叛乱，图谋大唐江山。

天宝十三（754）年初，杨国忠与安禄山渐渐势如水火。杨国忠在玄宗面前称，安禄山有谋反动向。玄宗听其建议，召安禄山入京以做试探。安禄山奉诏入京，显得极其恭敬忠诚，玄宗对其不再有疑心。

不久后，玄宗又任命安禄山为知四十八马苑监总事。安禄山选取数以千计的良马拨归自己的军队。此外，玄宗还签署了空白委任状：安禄山有权自行委任五百名将军和两千名中郎将。假如有人告密说安禄山有谋反之心，玄宗便会逮捕告密之人，并且交给安禄山惩处。可以说，玄宗对安禄山的信任，已到了无以复加的地步。

曾经睿智的君王，早已变得庸碌。

多年后，他更喜欢的，是耀眼的灯火下美人窈窕的身影。

只是，突然之间，霓裳羽衣歌舞，被马蹄声扰乱了。

河山万里，盛世春秋，终于走向了风雨飘摇。

叛军一路南下，势如破竹，所过州县大都望风瓦解。十二月初三，叛军渡过黄河，连克灵昌、陈留、荥阳诸郡。唐玄宗任命安西节度使封常清兼任范阳、平卢节度使，防守洛阳，接着任命他的第六子荣王李琬为元帅、高仙芝为副元帅东征。

十二月十三日，洛阳失陷。退守潼关的安西节度使封常清、高仙芝采以守势，坚守潼关不出。唐玄宗竟然听了监军宦官的诬告，以"失律丧师"之罪处斩封常清、高仙芝。天宝十五年（756）正月初一，安禄山在洛阳称大燕皇帝，改元圣武。

安史之乱，从755年安禄山在范阳起兵，到763年史朝义在河北滦县被吊死，前后持续了八年。对于大唐王朝，这无疑是一场浩劫。安史之乱后，唐朝全国人口从五千多万降到了一千七百多万，经济和文化方面遭到了不可估量的破坏。

此后，大唐的诗人们虽然仍在写诗，但总是带着些悲凉。

盛世华年，最终只剩一袭残破外衣，裹着瘦弱的躯体。

就像梦醒时分，西风萧瑟，往事不堪回首。

那些年，杜甫随着流亡的百姓，四处飘荡，颠沛流离。黎民所见之惨象，他都见过；黎民所历之苦难，他都历过。流浪的岁月和熬煎的历程，在他丰盈的内心里深沉酝酿，最终凝练成了一种存在，叫诗史。

天宝十五年初夏，杜甫带着全家老小，从奉先到了白水，寄居在舅父崔顼家中。不久后，镇守潼关的哥舒翰大败，潼关失守，附近各地的守城将士皆弃城而去。白水沦陷，杜甫不得不开始流亡。

此番逃难极是狼狈，杜甫险些丧命。他的马被逃难的人抢夺而去，由于过度疲劳，他不慎跌落在乱草坑里，许久无法脱身。此时，幸好同行的表侄（杜甫曾祖姑的玄孙）王砅将他救出，又将自己的马匹给了他，然后一手牵着缰绳，一手拿着大刀，保护着他赶了十多里路，这才脱离险境，他得以与家人会合。十余年后，杜甫在潭州与王砅重逢，忆起这件事，仍是感慨万分。他说："苟活到今日，寸心铭佩牢。"

其后，杜甫及其家小经过彭衙古城。逃亡又逢阴雨连绵，可谓步履维艰。饥肠辘辘的时候，只能摘些野果来充饥。让杜甫欣慰的是，彭衙县县尉孙宰，给了他们暂时的寄身之所。孙宰将杜甫全家迎到家里，烧了烫脚的水，准备了丰富的晚餐，还将睡熟的孩子叫起来吃饭。

这份温情杜甫始终感念于心。

次年，他写了首《彭衙行》，回忆了那日所受之恩遇。

故人有孙宰，高义薄曾云。延客已曛黑，张灯启重门。
暖汤濯我足，翦纸招我魂。从此出妻孥，相视涕阑干。
众雏烂熳睡，唤起沾盘餐。誓将与夫子，永结为弟昆。
遂空所坐堂，安居奉我欢。谁肯艰难际，豁达露心肝。
别来岁月周，胡羯仍构患。何当有翅翎，飞去堕尔前。

乱世光年，这是无可比拟的温暖。

这世上，锦上添花常见，雪中送炭太少。

杜甫待人赤诚温热。可惜，飘零荒岁，如此际遇并不常见。

活着，就该有颗光明之心，照亮自己，温暖别人。


## 国破山河在

世间之事，总有高低起落。

就像，花有开有谢，月有圆有缺。

再华美的时光，也总有被风吹乱的时候。

曾经繁花如锦的开元盛世，现在已是面目全非。鼓角争鸣，马蹄声乱，乾坤凌乱，大地荒凉。战乱之中，一切都像是梦碎后的断壁残垣。江山风月，陌上春秋，再也不复从前的宁静与翩跹。诗人的酒杯里，盛满了叹息。

在这样的叹息里，我们看见了杜甫的身影。

风雨长路，他带着妻儿艰难跋涉着。

那叹息，却是为了天下黎民。

在彭衙县尉孙宰家寄居数日，杜甫将家人安置在鄜州城北的羌村。他打算去长安投奔玄宗，然而此时玄宗已不在长安。而且，不久后，新帝于灵武即位，玄宗退位为太上皇。杜甫闻讯，便只身北上延州（今延安），计划走出横山县附近的芦子关，前往灵武投奔新帝。

潼关失守后，玄宗见情势危急，便于六月十二日夜，带着贵妃姐妹、皇子、皇孙、公主、妃子、杨国忠、韦见素、魏方进、陈玄礼和近侍出延秋门，逃往蜀中。尽管，不久前他在上朝时还在勤政楼颁下制书说要亲征。

现在，他逃出了长安，抛下了自己的子民。

夜色下仓皇的身影，再也没有从前的英武与正气。

纵是天子，逃亡的样子，与庶民无异。

玄宗离开未久，安禄山的叛军占领了长安。宫城内院，市井人家，都未能逃过洗劫。长安城里，繁华遍寻不见。剩下的，除了叛军的肆意狂笑，还有百姓沉重的悲鸣。

玄宗带着众人来到了马嵬驿，将士饥疲，六军愤怒。陈玄礼趁机说，杨国忠作乱才导致安禄山谋反，官军纷纷响应。杨国忠骑马逃到西门，被众人杀死肢解，头被枪挑着竖在驿站门口。户部侍郎杨暄、韩国夫人、秦国夫人和魏方进被一并杀死。杨国忠妻子裴柔同及儿子杨晞、虢国夫人及其子裴徽在陈仓被县令薛景仙杀死。

其后，陈玄礼、高力士等人皆劝玄宗，为保军心安定，应斩杀杨贵妃。

玄宗虽不舍，却也只好命令高力士于佛堂缢死杨贵妃。这绝世的红颜，最终没逃出薄命的结局。

倾城往事，风流过往，刹那便已随风而逝。

任你风姿绰约，凋谢时不过是，尘归尘，土归土。

马嵬坡的泥土，掩埋了所有炙手可热的从前。此后，君王定还记得那倾世的容颜。而七月七日，长生殿夜半私语时的誓言，再没有提起。

不久后，众人再次起程。离开马嵬驿，玄宗入蜀，太子李亨及其子李俶、李倓则北上灵武。天宝十五年农历七月十三日（756年8月12日），李亨在灵武为朔方诸将所推而登基，遥奉玄宗为太上皇，改元至德，是为唐肃宗。

郭子仪被封为兵部尚书、同中书门下平章事，仍兼充朔方节度使；李光弼被封为户部尚书、同中书门下平章事，二人奉诏讨伐叛军。次年郭子仪上表推荐李光弼担任河东节度使，联合李光弼分兵进军河北，会师常山（河北正定），击败史思明，收复河北一带。

就在新帝即位后不久，玄宗还下诏，以李亨为天下兵马元帅，领朔方、河东、河北、平卢节度使，又任命其他儿子担任各地节度使。其后，太子登基的消息传来，玄宗无可奈何，只得派韦见素、房琯等人带着传位檄文到灵武传位。

听闻肃宗即位，杜甫起程前往灵武。没想到，出发不久，鄜州等地陷入混乱，杜甫被叛军所擒，押送到了长安。同时被俘的王维，虽百般不愿，最终还是难耐折辱，被迫出任伪职。战乱平息后，王维被下狱，交付有司审讯。按理投效叛军当斩，但因他被俘时曾作《凝碧池》抒发亡国之痛和思念朝廷之情，又因其弟刑部侍郎王缙平反有功请求削籍为兄赎罪，王维才得宽宥。

而杜甫，大概是因为声名不盛，地位低微，既没有遭受太多折辱，也没有被送到洛阳逼使投降，甚至也没有被严加看管。到后来，至少在长安，杜甫是相对自由的。不过，与个人安危相比，杜甫更在意的，是长安百姓的苦难，是天下黎民的无枝可依。

孟冬十郡良家子，血作陈陶泽中水。
野旷天清无战声，四万义军同日死。
群胡归来血洗箭，仍唱胡歌饮都市。
都人回面向北啼，日夜更望官军至。

如长安城无数人，杜甫也希冀官军早日收复京城。至德元年十月，肃宗派房琯率兵收复两京，结果却是，四万人血染陈陶。心痛之余，杜甫写了这首《悲陈陶》。

现在，杜甫在长安度日如年。繁华梦碎，世事荒芜。

从前在这里，虽然落魄，至少无所拘束。

而现在，他是受困于此，难得真正的自由。

不经意间，他会回忆从前，忆起那些清贫却明朗的日子。那时候，常有两三知己，诗不曾凄切，酒不曾冰冷。而此时，郑虔、储光羲等人被掳到了洛阳，难有往日诗酒流连的情景。烽烟弥漫下的长安，有人在狂欢，有人在哀伤。

夜月之下，杜甫想念妻儿。乱世相隔，有如天涯。

只有诗，可以安放寂寞，也可以寄存思念。

今夜鄜州月，闺中只独看。遥怜小儿女，未解忆长安。

香雾云鬟湿，清辉玉臂寒。何时倚虚幌，双照泪痕干。

难得，沉郁的杜甫，也有这样儿女情长的时候。

想必，妻子杨氏，也是温婉端丽、秀外慧中的女子。

在杜甫的诗中，看不到他们柔情款款的样子。但他们在无垠人世，以相濡以沫和平淡如水，书写了一段寻常却又难得的幸福。所谓幸福，不是缠绵缱绻，不是天长地久，而是寻常的日子里，相依相伴，从青丝到白发。

琴瑟在御，岁月静好，自然是美丽的。

但一往情深，相随到老，更加弥足珍贵。

那个温柔女子，知他冷暖，懂他悲喜。于杜甫，这就是最好的爱情。只是，这样的月夜，他们天涯相隔。他不知道，何时才能共赏明月，让月光照干彼此的泪痕。

这首诗，看似写离情别绪，实际上抒发的不只是普通的离愁。字里行间，表现出时代的特征，离乱之痛和内心之忧熔于一炉，对月惆怅，忧叹愁思，而希望则寄托于不知何时的未来。杜甫，身为诗人，免不了寻常的苦楚和悲伤。但他更多的，还是为江山社稷，天下苍生，祈祷着，悲伤着。

转眼间，他已在长安受困半年。

春天，走过郊野，满目疮痍。于是有了那首《春望》。

国破山河在，城春草木深。感时花溅泪，恨别鸟惊心。
烽火连三月，家书抵万金。白头搔更短，浑欲不胜簪。

　　那些日子，杜甫在长安既困顿又悲凉，他将所有情绪都放在了诗里，写了多首感怀诗篇，诸如《得舍弟消息》《塞芦子》《悲青坂》《对雪》《元日寄韦氏妹》《遣兴》等。

　　不过，他也曾有过患难的朋友，譬如当时大云寺的住持赞公。这位高僧曾多次接济杜甫，还时常将他约到寺里，下棋清谈，共进斋饭。杜甫在《大云寺赞公房》中写道："梵放时出寺，钟残仍殷床。明朝在沃野，苦见尘沙黄。"

　　春江水暖的日子，杜甫潜行曲江。

　　莺飞草长，杨柳依依。人间之事，却极是萧条。

　　繁华凋谢后，处处皆是尘埃。杜甫写了首《哀江头》。

　　哀叹尽在其中。像是写给曲江的挽歌。

少陵野老吞声哭，春日潜行曲江曲。

江头宫殿锁千门，细柳新蒲为谁绿？

忆昔霓旌下南苑，苑中万物生颜色。

昭阳殿里第一人，同辇随君侍君侧。

辇前才人带弓箭，白马嚼啮黄金勒。

翻身向天仰射云，一笑正坠双飞翼。

明眸皓齿今何在？血污游魂归不得。

清渭东流剑阁深，去住彼此无消息。

人生有情泪沾臆，江水江花岂终极！

黄昏胡骑尘满城，欲往城南望城北。

　　至德二年（757）正月，安禄山被其子安庆绪与严庄、李猪儿合谋杀害。安庆绪自立为帝，命史思明回守范阳，留蔡希德等继续围太原。同年，长安为唐军收复，安庆绪自洛阳败逃退至邺城（河北省邯郸市临漳县），其部将李归仁率精锐及胡兵数万人，溃归范阳史思明。二月，肃宗从彭原南迁凤翔。

不久后，郑虔从洛阳逃回了长安。被俘之后，他曾被任命为水部郎中，但托病没有就任。生逢乱世，故友重逢，两人都喜不自胜，免不了相与把盏，共话别后之事。只是，此时的临风对酒，没有了从前的闲散和悠然。杜甫写诗记录了他们共饮的情景：

不谓生戎马，何知共酒杯。然脐郿坞败，握节汉臣回。
白发千茎雪，丹心一寸灰。别离经死地，披写忽登台。
重对秦萧发，俱过阮宅来。留连春夜舞，泪落强裴回。

其后，他们再次分别。

杜甫始终想着投奔肃宗，冒着生命危险，从长安直奔凤翔。

临行前，他在大云寺小住数日以避叛军耳目。赞公曾赠他青鞋和汗巾，并嘱他谨慎行事。然后，杜甫独自上路。在荒径山林走了许久，终于脱离了险境。

庆幸之余，他在诗中写道："生还今日事，间道暂时人。"

世道险恶，那样的年月，活着即是幸事。

历尽磨难，杜甫终于到了肃宗身边。

等待他的，却未必是柳暗花明。

## 白发悲花落

乱世之中，人如秋草。

历尽萧瑟飘零，不知何处落脚。

曾经醉意十足的诗人们，不得不清醒地面对世事。

所有的觥筹交错，都失去了从前的意味。而且，诗人们的命运也大相径庭。王维、郑虔等人被叛军所俘，最终仕途大受影响；岑参，安史乱起，于至德元年东归勤王，后来任右补阙，由于"频上封章，指述权佞"，乾元二年（759）改任起居舍人。

高适，天宝十四年（755）末，拜左拾遗，转监察御史，辅佐哥舒翰守潼关，次年潼关失守，高适随玄宗至成都，八月擢升为谏议大夫，数月后永王李璘谋反，高适被任命为淮南节度使，讨伐永王。至德二年，讨平永王后，又受命参与讨安史叛军，曾救睢阳之围。

杜甫最好的朋友李白，不幸落入了政治的漩涡。永王李璘担任山南、江西、岭南、黔中四道节度使，建使府于江陵，势力盛大，割据自固。至德二年正月，李白入永王军营，作组诗《永王东巡歌》抒发了建功报国情怀。永王擅自引兵东巡被征剿，结果在金陵兵败被杀，李白则在浔阳下狱。尽管后来通过御史中丞宋若思的多方斡旋，李白被释放，但仍在乾元元年（758）秋天被流放夜郎，直到次年春才获赦放归。

而杜甫自己，经过长期漂泊，穿过了叛军的封锁，终于抵达了凤翔。看看他现在的样子：身着残破衣裳，脚穿粗陋麻鞋，满身的风尘，可谓十分狼狈。尽管如此，见到肃宗，他无比欣喜。

至德二年（757）夏，杜甫被肃宗授为左拾遗，故世称杜拾遗。左拾遗是个从八品上的官职，虽品级不高，但有谏议之责。对杜甫来说，这个任命是他人生的新起点。他想着，辅君济世的理想不再遥远。

终于在朝廷有了立足之处，杜甫马上想起了家人。

遭逢乱世，死生难测。对于妻子儿女，他无比挂念。

于是，到任不久，他写了首《述怀》，有思念，也有担忧。

去年潼关破，妻子隔绝久。今夏草木长，脱身得西走。

麻鞋见天子，衣袖露两肘。朝廷愍生还，亲故伤老丑。

涕泪授拾遗，流离主恩厚。柴门虽得去，未忍即开口。

寄书问三川，不知家在否。比闻同罹祸，杀戮到鸡狗。

山中漏茅屋，谁复依户牖。摧颓苍松根，地冷骨未朽。

几人全性命，尽室岂相偶。嶔岑猛虎场，郁结回我首。

自寄一封书，今已十月后。反畏消息来，寸心亦何有。

汉运初中兴，生平老耽酒。沉思欢会处，恐作穷独叟。


人各两处，音信杳然。

他不知道，此时家人身在何处。

只好遥寄家书，渴望收到回信，却又害怕噩耗传来。毕竟，那样的乱世，时时处处皆有生命莫名凋零。俗语讲，没有消息便是好消息，杜甫也是这样的心思。忆起相聚时刻，他真的害怕，此后的自己孤独终老。

写完了诗，带着几分忧心，杜甫走上了左拾遗的职位。世事艰难，人生萧索，穿过风雨长夜，终于迎来了人生的转机，他心存感激，打定主意不负皇恩。然而，他的仕途并未从此扶摇而上。相反，刚开始就遭遇了挫折。

许多事，如雾如谜。除了岁月，谁都无法破解。

风雨后的晴天，或许只是刹那的月朗风清。

峰回路转后，未必就有一马平川。

我们终须，在这迷惘丛生的世界，活出清朗，活出从容。

上任未久，杜甫就卷入了一起政治纷争，此事对他后半生的生活有很大影响。肃宗在灵武即位，玄宗默认了这个事实，派房琯等人带着传位檄文前往灵武，其后房琯虽有陈陶兵败之事，仍登上了宰相之位。

房琯这个人，狂放豪爽，诗人贾至，以及后来与杜甫有密切关联的严武都与他交情不浅。但同时，他又孤高自傲，以名士自居，与朝廷不少官员相处不洽。他喜欢听琴，有个琴师叫董庭兰。后来，谣传董庭兰贪赃枉法，房琯受到了政敌的弹劾。肃宗震怒，开始冷落房琯。

从根本上来说，这是肃宗与玄宗之间的矛盾。房琯是玄宗近臣，拥立肃宗即位的臣子们必然与他及其他玄宗旧臣多有龃龉。房琯兵败，却登相位，其实不过是肃宗给父亲留面子，在天下人面前做戏而已。如今，房琯被多人弹劾，肃宗便借此机会，将房琯贬为了太子少师。

杜甫与房琯是布衣之交，对后者极为了解。身为左拾遗的杜甫，自认有进谏之责，又认为弹劾房琯的那些人行事卑劣，于是便上疏肃宗援救房琯。在上疏中，他说"罪细，不宜免大臣"。意思是，因为一个琴师犯法，便免去房琯宰相之职，未免小题大做。

他却不知道，肃宗贬谪房琯，远没有那么简单。那是新帝与太上皇之间的矛盾。琴师枉法，仅仅是个借口。杜甫上疏后，肃宗很愤怒，命令韦陟、崔光远、颜真卿等人审讯杜甫。审讯后，韦陟说杜甫虽然言辞不当，但也是尽左拾遗的职责。结果，韦陟也差点被肃宗处罚。后来，多亏宰相张镐出面对肃宗说，若是惩办了杜甫，此后怕是无人再敢进谏，杜甫这才被宣告无罪。

官场，到底是是非风波之地。

那里，少的是风清月白，多的是尔虞我诈。

如杜甫和李白这般光风霁月之人，很难与官场相融。

官场需要的，从来都不是天真与澄澈。

而杜甫，偏偏就是这样的。他似乎并不知道，身在官场，如何明哲保身，如何韬光养晦。得到了肃宗宽宥，他又上疏谢罪，除了盛赞天子宽宏大量，仍不忘再次为房琯辩护，他说房琯"少自树立为醇儒，有大臣体，时论许琯才堪公辅，陛下果委而相之"。

政治上的进退趋避之道，杜甫很不擅长。对他来说，所做之事无非出于率真。但是对皇帝来说，或者对于他的仕途来说，这都是不合适的。

不久后，岑参来到凤翔，经杜甫等人推荐，被任命为右拾遗。这期间，杜甫和岑参同朝为官，闲暇时也对酬唱和。岑参有首诗题为《寄左省杜拾遗》，就是唱和之作。

联步趋丹陛，分曹限紫微。

晓随天仗入，暮惹御香归。

白发悲花落，青云羡鸟飞。

圣朝无阙事，自觉谏书稀。

诗中所写，就是这些诗人在所谓圣朝的处境。

看似风光的生活，背后尽是空虚与无味，他们由衷厌恶。

都是立志定国安民的文人，日日低眉顺眼，活得战战兢兢，自然难说快活。因此，很多时候，他们在感叹年华渐老的时候，也会羡慕无拘无束的生活。

岑参说，圣朝无阙事，自觉谏书稀。看似吹捧朝廷，实则是讽刺。只有昏庸的帝王，才会自诩圣明，以为无须纳谏。杜甫真诚进谏，却险些被重罚。显然，在这样的朝廷里，他难有大作为。只不过，这执着的诗人，不肯轻易放弃。

而皇帝，已对他颇为不喜了。八月，杜甫终于收到家书，知道家人平安，甚是欣慰。他在《得家书》中写道："凉风新过雁，秋雨欲生鱼。农事空山里，眷言终荷锄。"似有归去之意。于是，他向肃宗告假，请求回鄜州探亲。肃宗立即允准。

临行，门下省的给事中严武和中书省舍人贾至为杜甫践行。杜甫留诗作别，题为《留别贾严二阁老两院补阙》。严武，字季鹰，华州华阴（今陕西华阴）人。《旧唐书》称其"神气隽爽，敏于闻见。幼有成人之风，读书不究精义，涉猎而已"。二十岁便调补太原府参军事，后被陇右节度使哥舒翰奏充判官。

安史之乱发生，肃宗在灵武即位，严武就在近旁，随后他陪驾到凤翔。至德二载任给事中。次年出任绵州刺史，迁东川节度使。不久调回京，任侍御史、京兆尹。杜甫与严武因性情相投，虽相处未久，已非寻常朋友。后来在成都，严武对杜甫多有照拂。

从凤翔到鄜州，有六百余里。幸好，行至邠州，李嗣业将军给了他一匹马，才免了他徒步奔波之苦。他在《徒步归行》中写道："青袍朝士最困者，白头拾遗徒步归。妻子山中哭向天，须公枥上追风骠。"

风尘一路，杜甫终于抵达鄜州羌村。四十六岁的他，其实是带着落寞回去的。他已明显感觉到，肃宗对他越来越冷淡。书生意气犹在，壮志仍是难酬。这个时期，杜甫的诗多有对尴尬处境的忧虑与愤慨。

原来，走入官场，身在朝廷，也未必能得见光明。

世事依旧惨淡，前途仍旧未卜。杜甫默然叹息。

窗前风月，依旧疏朗。人却是越来越憔悴。

## 何用浮名绊此身

万千荣华，抵不上一夕温暖。

良人相伴，儿女绕膝。这才称得上幸福。

真正的幸福，不是声名盖世，不是富贵逼人。而是，家人在侧，流光安然。哪怕只是日出而作日落而息，布衣陋巷，织布耕田，也自有风雨不惊的美好。

其实，幸福就是寻常的烟火日子。

有人烹茶煮酒，有人抚琴品字，最好。

至德二年（757）八月，一年的离散后，杜甫终于回到了羌村。突然间出现，妻儿几乎不敢相信。乱世之中，生死难测，两无消息，终于全家团聚，可以想象那是怎样感人的画面。不久后，杜甫写了三首《羌村》，他说：“妻孥怪我在，惊定还拭泪。世乱遭飘荡，生还偶然遂。”

泪水拭干，终于相信，那个突然出现的男子，确是归人。

深夜，秉烛相对，仍觉得仿佛身在梦里。

一场离别，足以让人恍如隔世。

尽管，杜甫在诗中说“晚岁迫偷生，还家少欢趣”，但是很显然，长久的漂泊后，终于能感受家的温暖，他觉得无比踏实。他说，“娇儿不离膝，畏我复却去”。这个年近五十的男人，有过栉风沐雨，有过山重水复，终于明白，人生如寄，简单平淡的温暖，才是最值得依归的。

杜甫突然归家，连邻居都觉得十分惊讶。如杜甫在诗中所写，邻人满墙头，感叹亦歔欷。陕北的山村，很多围墙都是由石板堆砌而成，并不高，邻居可以隔墙闲谈。次日，邻居带着酒来与杜甫叙旧。那样的画面，满是恬淡的生活气息。

数日后，杜甫写了首长诗，题为《北征》。这首诗可与两年前所写《自京赴奉先县咏怀》相媲美，两者皆是杜甫的代表作，皆是以写实笔法，记述旅途所见所感。不同的是，在《北征》里，有他对时局的态度。

至尊尚蒙尘，几日休练卒。仰观天色改，坐觉祆气豁。

阴风西北来，惨澹随回鹘。其王愿助顺，其俗善驰突。

送兵五千人，驱马一万匹。此辈少为贵，四方服勇决。

所用皆鹰腾，破敌过箭疾。圣心颇虚伫，时议气欲夺。

伊洛指掌收，西京不足拔。官军请深入，蓄锐何俱发。

此举开青徐，旋瞻略恒碣。昊天积霜露，正气有肃杀。

祸转亡胡岁，势成擒胡月。胡命其能久，皇纲未宜绝。

忆昨狼狈初，事与古先别。奸臣竟菹醢，同恶随荡析。

不闻夏殷衰，中自诛褒妲。周汉获再兴，宣光果明哲。

桓桓陈将军，仗钺奋忠烈。微尔人尽非，于今国犹活。

凄凉大同殿，寂寞白兽闼。都人望翠华，佳气向金阙。

园陵固有神，扫洒数不缺。煌煌太宗业，树立甚宏达。

应该说，历经战乱流离，杜甫彻底完成了蜕变，于人生，于尘世，于兴衰成败，于浮沉聚散，都有了寻常人难以企及的认知。现在的他，已经是真正的现实主义诗人。

心中无限哀叹，笔下尽是悲歌。

下笔，即是沧桑悲喜。所以，他被称为诗圣。

不过，在这首诗里，最动人的还是描写全家团聚的那些文字。他说，"经年至茅屋，妻子衣百结，恸哭松声回，悲泉共幽咽"。简陋的茅屋里，两人相拥而泣，就像，山涧溪水，也能明白他们的喜极而泣。

他说，"平生所娇儿，颜色白胜雪。见耶背面啼，垢腻脚不袜。床前两小女，补绽才过膝"。显然，家里日子十分清苦。幼子面色苍白，已是秋天，脚上连袜子都没有；两个女儿所穿裤子打满补丁，短得覆不住膝盖。

他说，"那无囊中帛，救汝寒凛栗。粉黛亦解苞，衾裯稍罗列。瘦妻面复光，痴女头自栉。学母无不为，晓妆随手抹。移时施朱铅，狼藉画眉阔"。为官未久，此时的杜甫仍旧清贫。尽管如此，他还是为妻子买了化妆之物。可见，质朴沉郁的杜老哥，懂得生活，亦懂得夫妻之道。

风雨长路，患难相随，就是因为彼此懂得，彼此珍惜。许多女子，想要的不是香车宝马，而是，被尊重，被牵挂，被呵护。偶尔的小惊喜，足以让她们开心很久。

原本消瘦的妻子，化了妆，顿时便明艳了许多。而他们的小女儿，学着母亲的样子，胡乱地涂了脂粉，眉毛画得很宽。兴许，这时候，儿子们都围绕在杜甫身边，在听他讲别后的故事。没错，就是故事。许多事，经历的时候纵然惊涛骇浪，后来说起不过是故事。

如此温馨的画面，在杜甫的生活中着实少见。

油盐柴米，诗酒桑麻。原本，日子可以这样安恬。

但是，杜甫还要上路。要给家人安稳，他注定凄迷跋涉。生活就是这样。选择安适，或许就选择了贫寒；选择繁华，或许就选择了迷惘。不管怎样，我们总要做出选择，或漂浮人海，或坐卧云山。

至德二年九月，长安和洛阳相继光复。肃宗于十月回到长安，万民欢庆。同时，远在蜀中的玄宗，此时的太上皇，也被肃宗接回了京城。十一月，杜甫带着家人从鄜州回到了长安，满怀喜悦。他仍怀着希望，以自己的才学，助大唐完成复兴。但这样的愿望，还是落空了。

曾被胡人所俘的王维，因其弟王缙营救，被赦免无罪，任太子中允；郑虔虽拒绝了安禄山水部郎中的任命，仍被贬为台州司户参军；岑参仍为右补阙；贾至为中书舍人；严武为京兆少尹兼御史中丞。杜甫仍任左拾遗。

那段日子还算平静，杜甫偶尔与岑参、严武等人把酒酬唱，但已无当年况味。此时的他，更希望被皇帝重用，以圆平生志向。然而，肃宗对他很是冷淡。转眼已是春天，杜甫路过曲江，对景伤怀，笔下满是惆怅。

一片花飞减却春，风飘万点正愁人。
且看欲尽花经眼，莫厌伤多酒入唇。
江上小堂巢翡翠，花边高冢卧麒麟。
细推物理须行乐，何用浮名绊此身。


朝回日日典春衣，每日江头尽醉归。
酒债寻常行处有，人生七十古来稀。
穿花蛱蝶深深见，点水蜻蜓款款飞。
传语风光共流转，暂时相赏莫相违。


安史之乱并未平复，肃宗已开始肃清玄宗旧臣了。

回到长安后，肃宗与玄宗表面融洽，实则相互提防。

玄宗以太上皇的名义下诏，给肃宗加了个封号，叫"光天文武大圣孝感皇帝"。肃宗回敬他一个称谓："太上至道，圣皇天帝"。看似温情脉脉，实际上却是，在宦官李辅国的挑拨下，玄宗被软禁在了太极深宫内，他的许多旧臣，或被疏远，或被罢免。

乾元元年（758）夏，房琯由金紫光禄大夫被贬为邠州刺史。他的政敌们，也就是肃宗的拥立者，给他罗列了数条罪状，比如率情自任，怙气恃权；比如言论过激，有失体统；比如肆意钻营，营私结党。

房琯的朋友们广受牵连。结果，严武被贬为巴州刺史，杜甫被贬为华州司功参军，虽是八品官职，但所管皆是繁杂琐事。就连曾经帮过杜甫的僧人赞公，也被放逐到了秦州。对于杜甫来说，这无疑是沉重的打击。他有些沮丧，却也没办法。天子君临天下，世人皆如尘埃，哪怕你有凌云之志，哪怕你有辅国之才。

走过金光门，杜甫不禁愕然。一年前，他冒着生命危险穿越叛军封锁去投奔肃宗，就是从这里离开长安的。而现在，他再次离开，却是以贬官的身份。很讽刺，很悲凉。

*此道昔归顺，西郊胡正繁。至今残破胆，应有未招魂。*
*近得归京邑，移官岂至尊。无才日衰老，驻马望千门。*

别了，金光门；别了，长安。

远远望去，那是个凄凉的背影。此后，杜甫再未重临长安。

离开的时候，他写了这首诗，题为《至德二载甫自京金光门出问道归凤翔乾元初从左拾遗移华州掾与亲故别因出此门有悲往事》。题目几乎与诗等长，似是有意为之，愤懑不言而喻。他的忠诚，他的报国之心，尽付流水。虽然说得婉曲，怨艾还是有的。

也好，人生际遇，有如风雨阴晴。

既然无力掌控，便只能随缘。重要的是，心无增减。

也好，远离京城，他可以靠近苍生，感受大地的冷和暖。


## 千秋万岁名，寂寞身后事

杜甫离开了长安，是永远地离开。

那座城市，春花与秋月，繁华与寂寞，从此与他无关。

乾元元年（758）七月，杜甫来到了华州任所。华州即陕西省华阴县，华山所在地。司功参军，虽然职位低微，但是事务繁多。杜甫要管理学校、庙宇、考试、典礼乃至办公设备等琐事。而且，他还必须为刺史起草表奏书简，记录州中所有官员的优劣、入职年限、请假缺席等情况。

显然，杜甫厌恶这些烦琐的事情，却又避不开。事实上，除了繁杂事务，他还要忍受酷暑、蚊虫等恶劣的自然条件。他写了首《早秋苦热堆案相仍》，如实记录了当时艰苦的生活：

七月六日苦炎热，对食暂餐还不能。

每愁夜中自足蝎，况乃秋后转多蝇。

束带发狂欲大叫，簿书何急来相仍。

南望青松架短壑，安得赤脚蹋层冰。

夏末，酷暑尚未退去。白天蚊虫肆意飞舞，夜晚毒蝎悄然出没，他可谓寝食难安。尽管如此，还要处理堆积如山的来往公文。有时候，他甚至会发狂大叫。沉稳如他，烦躁成这样，可见生活有多乏味。

远处，山野草树葳蕤，别有一番天地。

偶尔，他会忍不住想，弃官而去，纵情山水。

杜甫，即使不说，也可以肯定，他是以高士自居的。他想做宰辅之臣，在天子近旁，遥看天下黎民苦乐。若不能如愿，行走于山间林下，纵横吟啸，把酒吟诗，也是好的。无论如何，他不愿被束缚在卑微职位上，受拘束愁闷之苦。

骨子里，他是清高自傲的。选择忍耐，仅仅是为了生计。

他的背后，有全家老小殷切的眼神。

生活苦涩，杜甫仍旧时刻关注时局的发展。他知道，叛乱仍未平复，百姓还在罹难。在华州，他写过几篇与时局有关的文章。一篇是《为华州郭使君进灭残寇形势图状》，立劝皇帝尽早对安庆绪采取军事行动，并且建议朝廷军队集中攻击相州东、西两州。他日日渴盼着，朝廷能够早日剿灭叛军，还天下以太平。

还有一篇是《乾元元年华州试进士策问五首》，所写尽是关于如何减轻人民负担，如何加快平复叛乱步伐等现实问题。这些问题，是向当年参加华州当地科举考试的学子们提出的。这些学子，熟悉经史子集，写得了华丽诗文，但是对真实的社会现状所知不多，也未见得关心。

更何况，杜甫未曾在科举中独领风骚，虽然侥幸入朝，却被皇帝疏远，最终被贬到了华州，因此他这些策问，学子们不会喜欢。甚至，他还会因此被嘲讽。

老去悲秋强自宽，兴来今日尽君欢。

羞将短发还吹帽，笑倩旁人为正冠。

蓝水远从千涧落，玉山高并两峰寒。

明年此会知谁健？醉把茱萸仔细看。

那年九月九日，杜甫西行至蓝田，在崔氏庄度过了重阳节。

饮酒赏菊，共话桑麻。那是高山流水的清旷。

只是，明年此日，是否还有如此雅兴？

欧阳修词里说："聚散苦匆匆，此恨无穷，今年花胜去年红。可惜明年花更好，知与谁同。"许多情节，看似触手可及，一旦过去，想要重温，却是遥遥无期。我们再快，也快不过时光。

这个秋天，杜甫在华州怀念故友李白。那时候，李白正在流放途中。云谲波诡的年代里，生死只在一念之间。李白入了永王李璘军队，永王擅自引兵东巡，却被征剿身亡。李白因此在浔阳下狱。虽经宋若思等人营救出狱，终以参加永王东巡而被判罪长流夜郎。神姿仙态的诗人，只身天涯，身影萧索。

李白交游甚广，或许只是偶尔想起杜甫。而杜甫，却是时时惦念着这位远方的老友。终其一生，李白始终如一面景，远隔天涯，也总在遥望。大概是思之甚切，梦里都是李白的身影。于是，他写了两首《梦李白》。他希望，历经风雨，李白能安然无恙。

浮云终日行，游子久不至。三夜频梦君，情亲见君意。

告归常局促，苦道来不易。江湖多风波，舟楫恐失坠。

出门搔白首，若负平生志。冠盖满京华，斯人独憔悴。

热云网恢恢，将老身反累。千秋万岁名，寂寞身后事。

纵有千载盛名，生前终是寥落。

无论是李白还是杜甫，都不曾逃开命运拨弄。

沧海辽阔，他们只能以诗为舟，寂寞泅渡。

乾元元年冬，杜甫暂离华州，到洛阳、偃师探亲。途中，他与诗人孟云卿相遇。孟云卿字升之，山东平昌人。天宝年间赴长安应试，三十岁后始举进士。肃宗时为校书郎。其诗朴实无华，多写社会现实，颇为杜甫和元结推重。

孟云卿与杜甫交情笃厚。杜甫离开长安赴华州之前，曾与他夜饮话别，并以诗相赠，即《酬孟云卿》，诗中写道："但恐天河落，宁辞酒盏空。明朝牵世务，挥泪各西东。"此番相遇，把酒相欢之余，还同到孟云卿好友刘颢家中畅饮。杜甫又写了《冬末以事之东郊，城湖东遇孟云卿，复归刘颢宅宿，饮宴散因为醉歌》一诗，记叙此次邂逅彼此喜悲交集的情景。

疾风吹尘暗河县，行子隔手不相见。

湖城城南一开眼，驻马偶识云卿面。

向非刘颢为地主，懒回鞭辔成高宴。

刘侯叹我携客来，置酒张灯促华馔。

且将款曲终今夕，休语艰难尚酣战。

照室红炉促曙光，萦窗素月垂文练。

天开地裂长安陌，寒尽春生洛阳殿。

岂知驱车复同轨，可惜刻漏随更箭。

人生会合不可常，庭树鸡鸣泪如霰。

相聚别离，彼此交替。这就是人生。

实际上我们所经历的，往往是聚少离多。

后主李煜说，别时容易见时难。只因，一别关山，一别天涯。

甚至，许多人，纵然携手芳丛，纵然同眠共醉，一别，便可能再无相见之日。相聚很短，离别很长。正因为如此，我们才珍惜那些剪烛共话、把酒叙谈的日子。

那些天，杜甫重温诗酒快意。但是很快，这样的日子就结束了。作别孟云卿，他再次上路。回到洛阳的时候，已是春天。眼前的故园，人迹罕至，荒草蔓延。岁月本就凉薄，又有烽火连城，这样的情景并不少见。

亲朋各在天涯，杜甫感慨丛生。他在《得舍弟消息》中写道："旧犬知愁限，垂头傍我床。"从弟死于战乱，他在《不归》中写道："面上三年土，春风草又生。"

除此之外，那段时间杜甫还写了首《洗兵马》，其中有他对时局的认知，有无处不见的民生凋敝，有他对郭子仪、李光弼等人的盛赞，也有他对于尸位素餐之臣的讥嘲。

三年笛里关山月，万国兵前草木风。

成王功大心转小，郭相谋深古来少。

司徒清鉴悬明镜，尚书气与秋天杳。

二三豪俊为时出，整顿乾坤济时了。

东走无复忆鲈鱼，南飞觉有安巢鸟。

青春复随冠冕入，紫禁正耐烟花绕。

鹤禁通宵凤辇备，鸡鸣问寝龙楼晓。

攀龙附凤势莫当，天下尽化为侯王。

汝等岂知蒙帝力，时来不得夸身强。

关中既留萧丞相，幕下复用张子房。

张公一生江海客，身长九尺须眉苍。

征起适遇风云会，扶颠始知筹策良。

青袍白马更何有，后汉今周喜再昌。

这首诗中，多有欣喜愿望之辞，同时对朝廷的弊政也以寓讽刺与颂祷的手法提出了指斥和警告，因此有着鼓舞和警惕的双重作用。此诗对偶工整自然，典故精当准确，声调回转洪亮，词句曲折壮丽。王安石在选杜诗时，将此诗标榜为杜集中压卷之作。

他自然希望，洗净兵甲，再无战乱。

然而，眼前的世界，仍是风雨无休的模样。

那颗慈悲之心，哀痛着，也苍老着。

# 第四卷：天涯零落

我们寄居在时光里。

有生之年，或冷或暖，或喜或悲，都逃不出去。

能做的只是，于夜雨中找寻灯火，于荒径间遇见芳草。


## "三吏三别"

现在的洛阳城，兵荒马乱，人事皆非。

对杜甫来说，故地已成异乡，忆及从前，无比落寞。

李清照说，物是人非事事休，欲语泪先流。经过这世界，我们都会与所有从前作别。多年后，故乡遥遥难归，故人天涯相隔。所有的故事都寄存在时光里，或清晰，或模糊，终究只能回忆，无法踏足。

有人猜想，杜甫此番回洛阳，并非只为探亲，而是抱着向郭子仪献策的希望。时值乱世，天下纷乱，叛军久难平复，黎民水深火热，杜甫心存拯救苍生之念，又对时局十分关切，从他写《为华州郭使君进灭残寇形势图状》来看，他对于平叛安民有切实的想法。因此，前往献策也不无可能。只是，以他司功参军的身份，纵有破敌之策，也未必有进献机会，更难以被采纳。

若是这样，杜甫在洛阳的日子定然是忧愤和无奈的。

可以肯定的是，大唐岁月依旧凌乱。灯火幽暗，战火不休。

从盛世的丰盈到乱世的惨淡，似乎只有一杯酒的距离。

至德二年（757）十月，在陕郡之战后，安庆绪仅率千余人从洛阳逃往邺城（河北省临漳县）。唐军遂收复洛阳城，并遣军攻占河内（今沁阳）等地，迫降安将严庄；陈留（属开封）军民杀安将尹子奇归唐；唐将张镐率兵收复河南、河东郡县。肃宗忙于迎太上皇还都，未及时遣军追击安军残部。

安庆绪至邺后重整旗鼓，旬日之间，其将蔡希德自上党（今山西长治）、田承嗣自颍川（今河南许昌）、武令珣自南阳（今邓州），各率所部至邺城会合，连同安庆绪在河北诸郡招募的新兵，共约六万人。安庆绪忌史思明势盛，于十二月遣使至范阳（今北京）调兵。史思明因安庆绪使者，向唐廷奉上归降书，愿以所领十三郡及兵八万降唐。唐肃宗得报大喜，封他为归义王，兼范阳节度使。但史思明"外示顺命，内实通贼"，不断招兵买马，引起肃宗警觉。唐朝廷策划消灭他，不料计划外泄，史思明复叛，与安庆绪遥相声援。

乾元元年（758）九月，唐肃宗命郭子仪、鲁炅、李奂、许叔冀、李嗣业、季广琛、崔光远等七节度使及平卢兵马使董秦共领步骑约二十万北进主攻安庆绪，又命李光弼、王思礼两节度使率所部助攻，以宦官鱼朝恩为观军容宣慰处置使，监督各军行动。

十月，郭子仪、崔光远等部先后北渡黄河，并李嗣业部会攻卫州（今河南卫辉），以弓弩手伏击而逐，大败安庆绪，克卫州，诛杀叛将安庆和；

旋又趁势追击，在邺城西南愁思冈击败安军，先后共斩三万余人。安庆绪退回邺城，被唐军包围，急派人向史思明求援，许以让位。

史思明率兵十三万自范阳南下救邺城，先遣步骑一万进驻滏阳（今河北磁县），遥为声援。十二月，史思明击败崔光远夺占魏州（今大名北）后，按兵观望。乾元二年正月，李光弼建议分兵逼魏州，各个击破史军。二月，唐军围邺城，久攻不下。史思明率部向唐军逼近，并截断唐军粮运。

三月初六，号称六十万的唐军，布阵于安阳河之北。史思明亲领精兵五万与唐军李光弼等部激战，双方伤亡甚重。郭子仪率军继至，未及列阵，狂风骤起，天昏地暗，两军皆大惊而退。唐军南撤却一退不可止，郭子仪部退保河阳桥。其余各节度使兵退归本镇。宦官鱼朝恩谗毁，郭子仪被召还长安，解除兵权，处于闲官。不久，安庆绪被史思明所杀，史思明接收了安庆绪的部队，兵返范阳，改范阳为燕京，自称大燕皇帝。

战争的本质，就是以万千人的牺牲，满足少数人的欲望。

铁马金戈，流光昏暗，无数生命零落成尘。

这世上，有人散淡如尘，也有人野心勃勃；有人喜欢素朴简单的生活，也有人跃马扬鞭，一心想着骄傲地立于万人之上。浮生如梦，谁都会说起。但总有人，奢望垂名天下，被众生仰视。于是，无论何时，总有战乱纷争，成者为王，败者为寇。

多年以后，时光不语，故事陈旧。

飞扬跋扈，纵横四海，都不过是渔樵笑谈。

乾元二年（759）初夏时节，杜甫孤独地离开了洛阳。战乱之中，少有人注意到他的身影。而他却清楚地看到，万千黎民在战乱中流浪，死生难测。灾难和屈辱，让整个大地在喧嚷中沉默。

在返回华州的途中，带着无比的愤慨与悲悯，杜甫写了《新安吏》《石壕吏》《潼关吏》《新婚别》《无家别》《垂老别》，也就是著名的"三吏"和"三别"。

这些诗，深刻写出了民间疾苦及在乱世之中身世飘荡的孤独，揭示了战争给人民带来的巨大不幸和困苦，表达了杜甫对备受战祸摧残的老百姓的同情。可以说，"三吏三别"是杜甫史诗创作的高峰。

客行新安道，喧呼闻点兵。借问新安吏，县小更无丁？
府帖昨夜下，次选中男行。中男绝短小，何以守王城？
肥男有母送，瘦男独伶俜。白水暮东流，青山犹哭声。
莫自使眼枯，收汝泪纵横。眼枯即见骨，天地终无情！
我军取相州，日夕望其平。岂意贼难料，归军星散营。
就粮近故垒，练卒依旧京。掘壕不到水，牧马役亦轻。
况乃王师顺，抚养甚分明。送行勿泣血，仆射如父兄。

王翰在《凉州词》里写道，醉卧沙场君莫笑，古来征战几人回。战争里，生死只在斯须之间。为了满足战场需要，朝廷只能四处征兵。于是，稚拙少年，白发老者，都可能被征入伍，卷入战争的洪流。甚至，如《石壕吏》所写，为了应付征兵，垂老妇人也不得不凄然前往。那日清晨，杜甫与老翁作别，定是无比悲哀。

他说，"眼枯即见骨，天地终无情"。显然，对于不合理的兵役制度，和统治者的昏庸无能，杜甫非常不满，也给予了无情揭露。但在揭露的同时，又对朝廷有所回护。实际上，人民蒙受的惨痛，国家面临的灾难，都深深地刺激着他沉重而痛苦的心灵。

家国社稷，亿万苍生，他都不愿其遭受苦难。

写着诗，一边愤慨，一边泣血。他是满目凄怆的杜甫。

菟丝附蓬麻，引蔓故不长。嫁女与征夫，不如弃路旁。

结发为君妻，席不暖君床。暮婚晨告别，无乃太匆忙！

君行虽不远，守边赴河阳。妾身未分明，何以拜姑嫜？

父母养我时，日夜令我藏。生女有所归，鸡狗亦得将。

君今往死地，沉痛迫中肠。誓欲随君去，形势反苍黄。

勿为新婚念，努力事戎行！妇人在军中，兵气恐不扬。

自嗟贫家女，久致罗襦裳。罗襦不复施，对君洗红妆。

仰视百鸟飞，大小必双翔。人事多错迕，与君永相望！

寂寞天宝后，园庐但蒿藜。我里百余家，世乱各东西。

存者无消息，死者为尘泥。贱子因阵败，归来寻旧蹊。

久行见空巷，日瘦气惨凄。但对狐与狸，竖毛怒我啼。

四邻何所有？一二老寡妻。宿鸟恋本枝，安辞且穷栖。

方春独荷锄，日暮还灌畦。县吏知我至，召令习鼓鞞。

虽从本州役，内顾无所携。近行止一身，远去终转迷。

家乡既荡尽，远近理亦齐。永痛长病母，五年委沟溪。

生我不得力，终身两酸嘶。人生无家别，何以为蒸黎！

妻离子散，生离死别。

战争中，没有安稳，只有凄惨。

战争的背后，是无数生命无声凋零，无数家庭无端破碎。那样的岁月里，哪怕是粗茶淡饭的简单日子，都是奢望。事实上，一夕之间，所有的安稳与幸福，就会成为回忆。新婚宴尔的夫妇，伉俪情深的眷侣，许多温馨甜蜜的画面，都可能在突然之间被碾碎，再无无法拾掇。

对于大唐统治阶层的庸碌和昏暗，以及因此造成的黎民疾苦，杜甫无比痛恨，因为他心怀百姓。不过他深知，大唐王朝风雨飘摇，随时都有彻底倾覆的危险。这一点，许多老百姓也心里有数，因此人民虽然怨恨唐王朝，但终究咬紧牙关，含着眼泪，走上前线支持平叛战争。

杜甫虽揭露统治集团不顾人民死活，又旗帜鲜明地肯定平叛战争，甚至对应征者加以劝慰和鼓励。白水暮东流，青山犹哭声，是对黎民的悲伤，也是对河山的悲伤。

他的三吏三别，以及后来的许多诗篇，是他对罹祸百姓的哀怜，也代表了当时知识分子对安史之乱中饱受苦难之黎民苍生的人文关怀。于杜甫，这是与生俱来的仁者情怀。

实际上，他自己也在漂泊，难有安身之所。

故事里，天涯瘦马，只影形单。

那是他，独自穿越世事沧桑的身影。

## 罢官亦由人，何事拘形役

文天祥说，"山河破碎风飘絮，身世浮沉雨打萍"。

王国维说，"人生只似风前絮，欢也零星，悲也零星"。

说起来，人生不过是一场漂泊。如浮云，或舒或卷，聚散随风；如野草，或荣或枯，悲喜自知。春风骀荡，秋雨霖铃，山间明月，古道残阳，都经历了，有了积淀与领悟，这漂泊便有了意义。

杜甫，始终是飘零憔悴的形象。

固然，他是萧瑟的。但他从未沉沦，更不曾绝望。

他的欢喜与忧愁，为自己，更为众生，为家国社稷。他站得很低，至平凡，至尘埃。然后，又以诗人的情怀和视野，尽览世间一切，带着温情，带着慈悲。可以说，他站得越低，境界就越高。那是一个诗人，对世界的深刻解读。

此时，杜甫还在从洛阳回华州的路上。他不忍面对那个尘埃满目的世界，却也只能面对。为了百姓，他嘲讽和谴责朝廷及碌碌无为的权贵们。同时，他有很希望，被他嘲讽和谴责的那些人，能够以决心和睿智，平定安史叛军。如此，纵不能再续盛世华章，至少可以让百姓少受流离饥寒之苦。

路过奉先县，杜甫访问了居住在乡间的少时好友卫八处士。

一夕相会，又匆匆告别。杜甫以诗相赠。


人生不相见，动如参与商。今夕复何夕，共此灯烛光。

少壮能几时，鬓发各已苍。访旧半为鬼，惊呼热中肠。

焉知二十载，重上君子堂。昔别君未婚，儿女忽成行。

怡然敬父执，问我来何方。问答未及已，儿女罗酒浆。

夜雨剪春韭，新炊间黄粱。主称会面难，一举累十觞。

十觞亦不醉，感子故意长。明日隔山岳，世事两茫茫。


画面温馨，感慨良多。

如他所说，人生不相见，动如参与商。

　　时光之上，我们相聚别离。看似寻常，其实每一场离别都有永别的味道。曾经觥筹交错的朋友，多年后还能有几人相聚于烛火之下？真实的情况是，很多时候，未及重逢，已是天人永隔。

　　夜雨里，两个多年未见的好友，喝得很尽兴。

　　次日，他们挥手作别，为重逢的欢乐画上了句号。

　　此后，山水迢递，世事茫茫。

　　少年时节，我们以为人生很长，学着狂欢，学着放纵。然而，仿佛是刹那之间，青春不在，年华已老。说好不离不散的人们，早已不见踪影，莫说推杯换盏，就连音讯都遍寻不见。说起从前，只剩感慨。

　　后来的我们。仔细琢磨，只这五个字，就足以让人沉默许久。许多曾经形影相随的人们，知交也好，恋人也好，后来的他们，除了回忆，只剩遥远。就像电影《后来的我们》里所说："后来，什么都有了，却没有了我们。"

　　李叔同在《送别》里写道："天之涯，地之角，知交半零落。人生难得是欢聚，惟有别离多。"相见时难别亦难，东风无力百花残。的确如此。

　　杜甫回到了华州，日子依旧乏味。那年关内久旱不雨，造成了严重的饥荒。本就是乱世，又遭逢天灾，百姓的日子雪上加霜。杜甫有两首诗，题为《夏日叹》和《夏夜叹》，记录了此次旱情。

夏日出东北，陵天经中街。朱光彻厚地，郁蒸何由开。

上苍久无雷，无乃号令乖。雨降不濡物，良田起黄埃。

飞鸟苦热死，池鱼涸其泥。万人尚流冗，举目唯蒿莱。

至今大河北，化作虎与豺。浩荡想幽蓟，王师安在哉。

对食不能餐，我心殊未谐。眇然贞观初，难与数子偕。

永日不可暮，炎蒸毒我肠。安得万里风，飘飘吹我裳。
昊天出华月，茂林延疏光。仲夏苦夜短，开轩纳微凉。
虚明见纤毫，羽虫亦飞扬。物情无巨细，自适固其常。
念彼荷戈士，穷年守边疆。何由一洗濯，执热互相望。
竟夕击刁斗，喧声连万方。青紫虽被体，不如早还乡。
北城悲笳发，鹳鹤号且翔。况复烦促倦，激烈思时康。

举目望去，田园一片荒芜，百姓苦不堪言。

他忧心如焚，食不甘味，夜难安寝，却是无能为力。

贞观已远，开元已去。如今的朝廷，没有贤君，亦没有良相。乱世之中，朝堂上的君臣不能给社稷与黎民带去安定与祥和。杜甫很难过，也很无奈。

他越来越厌恶司功参军这个职位。千辛万苦，终于入得朝廷，却被帝王疏远，在这个卑微的职位上忍受驱役之苦，他的苦闷显而易见。要知道，他的夙愿，是提笔安天下。

另外，此时的他对朝廷也有了更深更清晰的认识。继位数年的肃宗，并不是他想象中那样雄姿英发。而且，正好相反，在李辅国等人的怂恿下，在很长时间里，肃宗着力于防范和清除玄宗旧臣，以致朝廷党争激烈。房琯等人被贬，就是源于此。在这样的朝廷里，杜甫看不到中兴的希望。

终于，杜甫选择了辞官。

据《新唐书》记载："关辅饥，辄弃官去。"

当然，他辞官而去，除了上面所述之失望和苦闷心情，还有一个很现实的原因，那就是所得俸禄此时已难以满足全家人的温饱。在朝为官，却无法让家人衣食无忧，这是他无法忍受的。

唐朝官员的收入，包括禄米、土地、俸料三部分。八品官每年所得禄米为 60 石，合现在 7000 多斤。唐代朝廷给官员的土地分为永业田和职分田两种，永业田指的是有勋爵有封号者所得之土地，可以世代相传。职分田则只在为官时有权使用，辞官后即被收回。以杜甫的官职来说，每年土地所得，大约 1800 斤粮食。至于俸料，八品官每月为 2550 文，每年三万多文，以天宝年间每斤二十余文的粮食价格来算，每年俸料所得，能购买1200 多斤粮食。

看起来，杜甫似乎收入不菲。然而，这只是盛世时的数字。安史之乱爆发后，官员收入与从前相比，可谓少得可怜。而杜甫入朝为官，正是此时。

安史之乱那些年，粮食价格飞涨，到后来一斗米售价几千甚至上万文钱。杜甫三万多文的俸禄，仅能换得几斗米而已。乱世之中，土地所得无从谈起。至于禄米 60 石，由于战火不熄，饥馑频发，粮食严重短缺，自然就成了一纸空谈。杜甫家里，除了妻子，还有二子二女，以他微薄的俸禄所得，很难满足日常开销。

总之，杜甫的生活已是难以为继。

加上政治上的失意，杜甫只能选择离开。

那年立秋次日，杜甫写了首《立秋后题》，决意辞官。

日月不相饶，节序昨夜隔。

玄蝉无停号，秋燕已如客。

平生独往愿，惆怅年半百。

罢官亦由人，何事拘形役。

人间所事堪惆怅，莫向横塘问旧游。

这是纳兰容若的感叹。四十八岁的杜甫，也是同样的无奈。

曾经他以为，入了官场，走上仕途，纵然不能青云直上，至少可以让妻子儿女过得安适。后来才明白，这只是他的一厢情愿。历尽艰辛，他终于得见天颜，结果却落得荒凉。辅君济世，治国平天下，都和他相距甚远。事实上，数年以后，就连生计问题，也依旧冰冷地横亘在那里。

从落魄到落魄，生活几乎没有改观。

不仅如此，他还得面对那个毫无生气的朝廷。

所以，他只能带着遗憾和愁闷离开。

在这首诗里，杜甫说"平生独往愿，惆怅年半百。罢官亦由人，何事拘形役"。意思是，天性喜欢自由，不愿受束缚之苦。就好像，身如闲云野鹤，想辞官便辞官。说得洒脱不羁，其实不过是自我解嘲。

杜甫生于盛唐，有当时诗人特有的豪迈。他喜欢坐卧云水，也喜欢流连诗酒。与知交好友同游陌上，他也可以率性风流。但他又有其独特的气质，比如老成内敛，比如忧郁沧桑。与许多诗人相比，他的思想更深沉也更宽阔。他有凌云之志，亦有济世之心。但是现在，他的仕途结束了。从兵曹参军到左拾遗，再到华州司功参军，他的官场回忆基本是惨淡无味的。

离开，或许是注定的结局。

既是向浑浊的官场作别，也是向澄澈的自己回归。

他离开了华州，走入了外面的秋天。

远方在秋光中呈现，一片苍凉。

## 月是故乡明

两袖清风，杜甫辞官而去。

看似一身潇洒，其实十分不甘。

凌云之志，匡世之心，被时代的喧嚣湮灭了。

他只剩，一个高洁傲岸的自己，和一支描摹沧桑的笔。

乾元二年（759）初秋，杜甫辞去了华州司功参军的职务，带着家小前往秦州（甘肃天水），有些失落，有些凄凉。看起来，像是他抛弃了官场，其实是朝廷抛弃了他。他的才华与抱负，皆被视若无睹，只能默然离去。而且，那年的旱情导致饥荒肆虐，此番离开，还有逃荒的意味。

与长安相比，秦州是个极小的城市。这里距离长安七百余里，地处偏僻，人口稀少。正因其偏僻，在安史之乱中长安、洛阳等地物价飞涨、百姓四处流离时，这里的生活相对安定。以当时杜甫的处境，前往长安居住很不现实。

洛阳战乱未平，此时也回不去。安史之乱波及范围甚广，往北至范阳（北京），往南至湖北襄阳，往东至绥阳（河南商丘），往西至长安。这个范围恰好大体上和如今的京广线、陇海线重合。这种情况下，杜甫若想前往南方，就必须沿着陇海线，经长安、洛阳、郑州、开封等地往南，其中有不少地方为叛军所据，带着家眷前行很不安全。而且，南方虽然富庶繁华，但许多藩镇、节度使都持观望态度，局势很不明朗。

因此，杜甫只能前往荒僻但是生存相对容易的地方安身立命。秦州这个地方，地处边陲，远离战乱，进可观望长安时局，退可继续向西迁移。当然，还有个重要原因，杜甫的从侄杜佐当时在秦州；从前资助过他，后来被驱逐出长安的僧人赞公也在那里。

八月，结束了十余天的旅程，杜甫和家人来到了秦州。这个地方，很贫瘠，很荒凉，杜甫将寄身于此。初至秦州，人地两生，秋风四起的日子，忆起了某位舍弟，他写了首《月夜忆舍弟》。

戌鼓断人行，秋边一雁声。
露从今夜白，月是故乡明。
有弟皆分散，无家问死生。
寄书长不达，况乃未休兵。

露从今夜白，月是故乡明。

所有的游子，皆会为这样的词句感伤。

可也没办法。红尘万丈，我们都不是归人。故乡，寄存着我们的年华和往事，却往往渐行渐远。飘零许久，回头去看，那个熟悉的地方，只剩风烟缥缈。就像歌里唱的那样：到不了的都叫作远方，回不去的名字叫家乡。

尽管如此，那个叫故乡的地方，永远是我们梦里的依归之处。

杜甫的从侄杜佐，在秦州东柯谷有几间草堂，也有自己的田地，虽非大富大贵，却也是衣食无忧。虽然只是远房叔侄关系，杜佐还是给了杜甫不少物质上的资助。开始时，杜甫因顾及文人颜面，不愿直接求助，而是写了首诗，含蓄地表达了意思。

白露黄粱熟，分张素有期。
已应春得细，颇觉寄来迟。

味岂同金菊，香宜配绿葵。

老人他日爱，正想滑流匙。

大概意思是：白露过后，小米已收割完毕，你是否已忘记了前几日的约定？小米舂得越细，蒸出来就越爽滑香甜，再佐以绿葵鲜蔬，更是美味诱人，我老人家就好这口。

本来是借米，却要以诗来表达，几分风雅，又有几分无伤大雅的无赖气，应该说，这是杜甫的可爱之处。由此也可以看出，对杜甫来说，很多诗都是信手拈来，家书也好，便条也好，都能以诗的形式出现。难怪他说，"诗是吾家事"。

杜甫的《秦州杂诗》中有一首题为《示侄佐》：

多病秋风落，君来慰眼前。自闻茅屋趣，只想竹林眠。

满谷风云起，侵篱涧水悬。嗣宗诸子侄，早觉仲容贤。

这首诗，千百年来在东柯谷盛传，杜佐后裔还将其引为家训流传。

不管怎样，粮食问题暂时算是解决了。其次就是居所的问题。初到秦州，杜甫和家人住在郊区的一个破茅屋里，条件极其简陋，雨天更是凄惶。杜甫只好前去求助赞公。

赞公因被怀疑为房琯同党，被逐出了京城，在秦州西枝村安身。作为僧人，他对杜甫的才华和济世情怀非常欣赏，所以总愿意尽其所能，帮助这个落魄文人。得知杜甫有长居秦州的打算，赞公带着他在西枝村寻找修建草堂的基地，终因资财有限，未能如愿。不过在赞公帮助下，杜甫搬出茅屋，换了个地方居住，总算没了遮风避雨之忧。

　　除了杜佐和赞公，杜甫在秦州还得到不少人的接济。比如隐士阮昉，曾给杜甫送过薤菜，杜甫有诗《秋日阮隐居致薤三十束》。其中写道："隐者柴门内，畦蔬绕舍秋。盈筐承露薤，不待致书求。"

　　在秦州，杜甫也曾采药来卖，那段时间所写之诗多有提及。即使如此，再加上亲友们的帮衬，日子终究还是每况愈下了。在生活面前，杜甫不曾言败，却也不曾告捷。他有首诗题为《空囊》，写得极为苦涩：

　　翠柏苦犹食，明霞高可餐。

　　世人共卤莽，吾道属艰难。

　　不爨井晨冻，无衣床夜寒。

　　囊空恐羞涩，留得一钱看。

　　纵然清贫，不改清高。这就是杜甫。

　　日子苦涩，岁月荒凉，但他始终清澈。

　　他说，虽然翠柏味苦，朝霞高高，也还可以当作饭餐；他说，世人大多苟且偷生，我持节守道显得异常艰难；他说，早晨开不了火，井水也冻了，夜来难以抵御寒凉；他说，日子贫苦，口袋里还必须留一文钱，以充门面。事实上，杜甫的身体也因饥寒而衰弱，这年深秋，疟疾复发，寒热交替，煎熬多日。

　　翠柏苦犹食，明霞高可餐。这句有两层意思，一层是说穷困潦倒，只得餐霞食柏，权且充饥，这是明意；另一层是言外之意，在古人看来，明霞翠柏均非凡俗之物，杜甫此语出自《列仙传》"赤松子好食柏实"和司马相如《大人赋》"呼吸沆瀣餐朝霞"。可见杜甫虽生当乱世，饥寒交迫，仍不同流俗。

杜甫拙于谋生，这是显而易见的。尽管他有安济天下的宏愿，但他终究只是个诗人，简单而纯粹。他不会钻营，亦不会算计，否则也就不是杜甫，也就不会被尊为诗圣了。生活再凄苦，他也是月白风清的杜甫。

当然，身处凉薄岁月，免不了自嘲。

对待生活，我们都少不了几分幽默，几分调侃。

这就是人们常说的苦中作乐。

对于杜甫来说，苦中作乐最好的方式，大概莫过于写诗。那段时间，生活虽然落魄，但他写诗的热情十分高涨，数月之间写了百余首。除了《秦州杂诗》二十首，还有不少遥寄故友、抒写心怀的诗。他写诗给高适和岑参，写诗给郑虔和孟云卿，写诗给贾至和严武，皆是情深义重。

当然，最让他念念不忘的，还是那个叫李白的诗人。对其行迹，对其悲喜，杜甫始终牵念于心。杜甫辞官的这年，因为关中大旱，朝廷大赦天下，李白获赦。杜甫得悉，甚是欣慰。他写了首《寄李白二十韵》，就像是为李白写了篇简洁的传记，对其生平遭遇、性情人格，以及诗歌成就，都给予了激赏。自然，其中也有对李白悲凉人生的愤愤不平。

昔年有狂客，号尔谪仙人。笔落惊风雨，诗成泣鬼神。
声名从此大，汩没一朝伸。文采承殊渥，流传必绝伦。
龙舟移棹晚，兽锦夺袍新。白日来深殿，青云满后尘。
乞归优诏许，遇我宿心亲。未负幽栖志，兼全宠辱身。
剧谈怜野逸，嗜酒见天真。醉舞梁园夜，行歌泗水春。
才高心不展，道屈善无邻。处士祢衡俊，诸生原宪贫。
稻粱求未足，薏苡谤何频。五岭炎蒸地，三危放逐臣。
几年遭鹏鸟，独泣向麒麟。苏武先还汉，黄公岂事秦。

楚筵辞醴日，梁狱上书辰。已用当时法，谁将此义陈。

老吟秋月下，病起暮江滨。莫怪恩波隔，乘槎与问津。

怀念故人，思忆往事，往往只会平添凄凉。

陌上同游，花间共醉，这样的画面想起来是温暖的。

然而，走出回忆，眼前仍是惨淡的现实。天气越来越冷，杜甫一家人仍需靠着朋友们的接济勉强度日。那双写诗的手，在真实的生活面前，显得很无力。

寒风呼啸，天地茫茫。

那是北方的深秋。


## 飘零何处归

苏东坡说，此心安处，便是吾乡。

这世界，行处皆是天涯；也可以说，足下尽为归处。

重要的不是身在何处，而是无论在哪里，哪怕山重水复，哪怕风狂雨急，总能以安澜之心，化解愁苦，活得风雨不惊。我们固然要在时光里取暖御寒，但同时，时光也需要我们用心煨暖。如此，才有恬淡，才有从容。

如许多旧时文人，杜甫的愿望大概是这样：步入仕途，纵有浮沉，最终能实现抱负，不使满腹才华付诸流水。然后，功成名就，退身林泉，于田园山水之间，悠然度过余生。然而，他的人生，与这愿望相去甚远。

入了官场，不过是饱受驱驰行役之苦。他的官场生涯，既不能给人生以灿烂，亦不能给黎民以安详。受尽冷落，终于在苦闷中厌倦，却又因为战乱，难以归去故园。他定会羡慕三百多年前的那个诗人。辞官而去，独得悠然，那是陶渊明的余生。

采菊东篱，种豆南山，日子素淡而丰盈。

有时候，杜甫也希望，归去山野，饮酒写诗。

陶渊明在《归去来兮辞》中这样写道："归去来兮，请息交以绝游。世与我而相违，复驾言兮焉求？悦亲戚之情话，乐琴书以消忧。农人告余以春及，将有事于西畴。或命巾车，或棹孤舟。既窈窕以寻壑，亦崎岖而经丘。木欣欣以向荣，泉涓涓而始流。善万物之得时，感吾生之行休。

"已矣乎！寓形宇内复几时。曷不委心任去留？胡为乎遑遑欲何之？富贵非吾愿，帝乡不可期。怀良辰以孤往，或植杖而耘耔。登东皋以舒啸，临清流而赋诗。聊乘化以归尽，乐夫天命复奚疑！"

如他所言：久在樊笼里，复得返自然。

既然心性与官场气息不合，那便飘然而去。

弹琴读书，莳芳种豆。偶尔驾车过巷陌，偶尔扁舟钓云水。

富贵如浮云，名利如尘土。与其沉湎于此，不如纵情于自然。

于山水间安置自己，于诗酒中流放时光。

就心性而言，杜甫不似陶渊明那般淡泊。他是有大志向的人，渴望辅君匡世，渴望功成名就。陶渊明退隐田园，很多人喜欢他的洒脱，却也有很多人认为他逃避生活。杜甫也曾这样认为。终于当自己厌倦了昏暗丑陋的官场，他也只能默然而去。

只是，连陶渊明那样的生活，此时他都无缘体会。

生活赋予他的，是一路泥淖，万里风尘。

秦州，秋天渐渐谢幕，冬天的意味越来越浓。杜甫仍在写诗。

景况凄惨，诗也往往因无酒相佐而凉意丛生。他写了许多有关当地自然的诗，诸如《天河》《初月》《野望》《捣衣》《萤火》等等。

他说，"纵被浮云掩，终能永夜清"；他说，"河汉不改色，关山空自寒"；他说，"远水兼天净，孤城隐雾深"；他说，"已近苦寒月，况经长别心"；他说，十月清霜重，飘零何处归。景语之中，尽是情语。关河无限，人在天涯，加之穷困潦倒，他无法不感慨。

山晚浮云合，归时恐路迷。涧寒人欲到，村黑鸟应栖。
野客茅茨小，田家树木低。旧谙疏懒叔，须汝故相携。

杖锡何来此，秋风已飒然。雨荒深院菊，霜倒半池莲。
放逐宁违性，虚空不离禅。相逢成夜宿，陇月向人圆。

这两首诗，前者写给杜佐，后者写给赞公。

偶然的田园意味，皆被沉重的生活倾轧，变成了叹息。

于世事，杜甫自有其独特的认知和观感。浪迹多年，他知道世事无常。如果可以，他多想在那些凄冷年月活得清淡寂静，不言悲伤，不叹荒凉。可是，他的人生，漫山遍野尽是风雨，坎壈常在，灯火萧疏。生活二字，太重，也太冷。

某天，想起了郑虔，那个曾与他对酌长安月下的朋友。

一首《有怀台州郑十八司户》，满纸知交深情。

天台隔三江，风浪无晨暮。郑公纵得归，老病不识路。
昔如水上鸥，今如置中兔。性命由他人，悲辛但狂顾。

山鬼独一脚，蝮蛇长如树。呼号傍孤城，岁月谁与度。

从来御魅魅，多为才名误。夫子嵇阮流，更被时俗恶。

海隅微小吏，眼暗发垂素。黄帽映青袍，非供折腰具。

平生一杯酒，见我故人遇。相望无所成，乾坤莽回互。

至德二年（757），郑虔被贬为台州司户，以老弱残身，长途跋涉来到台州。"台州地阔海冥冥"台州地处荒僻，文风未开，郑虔衣冠言动，不同时俗，有诗曰："一州人怪郑若齐，郑若齐怪一州人。"郑虔自叹："著作无功千里窜，形骸违俗一州嫌。"

同时，郑虔又自勉说，孔子虽泽加天下，犹有阳春照不到阴崖，"夫君子过者化"，我今谪此，当有教化之责。遂大阐文教，以地方官员身份首办官学，遴选民间优秀子弟教之。台州地方志记载：自此民俗日淳，士风渐进焉。不过，毕竟是年近古稀之人，身体日趋衰弱。

风烛残年，枕着回忆，越来越寂静。

如他，杜甫在遥远的北国，也时常忆起从前。

长安，两个身影，诗酒清欢。仿佛刹那，已成了过往。

杜甫也很是怀念贾至和严武。他写诗遥寄，题为《寄岳州贾司马六丈、巴州严八使君两阁老五十韵》。诗很长，足见情深。他本就是个长情的人，只是岁月对他太过冷漠。

旧好肠堪断，新愁眼欲穿。翠干危栈竹，红腻小湖莲。

贾笔论孤愤，严诗赋几篇。定知深意苦，莫使众人传。

贝锦无停织，朱丝有断弦。浦鸥防碎首，霜鹘不空拳。

地僻昏炎瘴，山稠隘石泉。且将棋度日，应用酒为年。

典郡终微眇，治中实弃捐。安排求傲吏，比兴展归田。

去去才难得，苍苍理又玄。古人称逝矣，吾道卜终焉。

陇外翻投迹，渔阳复控弦。笑为妻子累，甘与岁时迁。

亲故行稀少，兵戈动接联。他乡饶梦寐，失侣自屯邅。

多病加淹泊，长吟阻静便。如公尽雄俊，志在必腾骞。

那些年，杜甫的朋友们，罢官的罢官，贬谪的贬谪，生活都不如意。贾至被贬为岳州司马，严武被贬为巴州刺史。而杜甫自己，被贬后日子索然，终于离开了官场。只是，远离了官场纷扰，生活也并无起色。

这首诗里，写到了汉代的贾谊和严光。贾谊，西汉初年著名文学家，世称贾生。少有才名，十八岁时，以善文为郡人所称。文帝时任博士，迁太中大夫，受大臣周勃、灌婴排挤，谪为长沙王太傅。三年后被召回长安，为梁怀王太傅。梁怀王坠马而死，贾谊深自歉疚，抑郁而亡，仅三十三岁。

李商隐有首诗《贾生》："宣室求贤访逐臣，贾生才调更无伦。可怜夜半虚前席，不问苍生问鬼神。"极言贾谊怀才不遇、壮志难酬之愤懑。司马迁对屈原和贾谊都寄予了同情，为二人写了篇合传，后世因而往往把屈原和贾谊并称为"屈贾"。

严光字子陵，少有高名，与东汉光武帝刘秀同学，亦为好友。其后他积极帮助刘秀起兵。事成后归隐著述。刘秀即位后，多次延聘严光，但他隐姓埋名，退居富春山，常于江畔垂钓。其垂钓之处，被称为严陵钓台。

严光不慕富贵，不图名利的淡泊品性，一直受后世称誉。范仲淹撰《严先生祠堂记》，有"云山苍苍，江水泱泱；先生之风，山高水长"赞语，使严光以高风亮节闻名天下。杜甫将贾至和严武分别比作贾谊和严光，显见对二位好友才气和品行的欣赏，也有对他们不平遭遇的同情与愤慨。

杜甫的《佳人》，也写于这个时期。

> 绝代有佳人，幽居在空谷。自云良家子，零落依草木。
> 关中昔丧乱，兄弟遭杀戮。官高何足论，不得收骨肉。
> 世情恶衰歇，万事随转烛。夫婿轻薄儿，新人美如玉。
> 合昏尚知时，鸳鸯不独宿。但见新人笑，那闻旧人哭。
> 在山泉水清，出山泉水浊。侍婢卖珠回，牵萝补茅屋。
> 摘花不插发，采柏动盈掬。天寒翠袖薄，日暮倚修竹。

关于这首诗的旨意，向来有争论。

有人认为是寄托，有人认为是写实，大都折中于二者之间。

杜甫对大唐朝廷，竭忠尽力，丹心耿耿，最后却落得弃官漂泊的窘境。但是，即便是在关山难越、饥寒交迫的情况下，始终不忘国家民族的命运。这样的不平际遇，这样的高风亮节，和诗中女主人公很是相似。所以，借他人之酒以浇胸中块垒，在她的身上寄寓了自己的身世之感。

清人黄生说："偶有此人，有此事，适切放臣之感，故作此诗。"若是真有那样一个女子，在风云变幻的乱世，寂然度日，独自孤清，倒是让人感动。一身寥落的杜甫，难得有这样怜香惜玉的时候。

不论是否真有其人，杜甫的坚贞自守，是显而易见的。

幽居空谷，草木为邻，立志守节，宛若山泉。

是那女子，也是他自己。

悲风为我从天来

杜甫还在属于他的岁月里，以诗人之名，解析着人生。

深秋的秦州，西风肆虐，黄沙漫天。偶尔，还有羌笛声乱。

秦州位于六盘山支脉陇山以西。陇山西边的陇右道，从秦代到唐代，一直是汉族与氐羌等少数民族杂居之地。每逢战乱时期，这里不是被当地土豪割据，就是被外族侵略。唐朝自高祖以来，开拓边境，深入西域，在陇右设置了都督府和州县。开元年间，又建立朔方、陇右、河西、安西、北庭等节度使镇守边境，每年从内地运来大批物资和兵丁，在这里屯田牧马，所以军城烽火，万里不断。

公元七世纪，松赞干布建立吐蕃王朝。贞观十五年（641），唐朝以宗室女文成公主嫁给松赞干布；景龙四年（710），唐朝宗室女金城公主嫁给弃隶缩赞赞普。吐蕃还通过互市向唐朝购买茶叶、丝绸等物品，彼此在经济文化等方面多有往来。开元十七年（729），弃隶缩赞赞普向唐玄宗上表说："外甥是先皇帝舅宿亲，又蒙降金城公主，遂和同为一家，大下百姓，普皆安乐。"

但在军事方面，吐蕃与唐时战时和，几乎与二者存亡相始终。唐太宗时期，双方发生一次规模有限的冲突，唐军击退了吐蕃军；唐高宗、武则天时期，唐朝处于守势，保住了西域；唐玄宗时期，吐蕃处于守势。

安史之乱爆发后，陇西精锐大都前往东征，留兵孱弱，防守空虚，吐蕃趁机进犯，占领了陇右、河西等大片地区。杜甫到秦州的时候，吐蕃势力正在逼近洮州和岷州。很快，杜甫就意识到秦州非久居之地，加上生活窘困，便决定离开。果然，四年后的广德元年（763），吐蕃攻陷秦州。

在秦州仅仅停留了两个多月，杜甫再次上路。

乾元二年（759）十月底，杜甫离开秦州，前往同谷。

选择同谷，主要是因为同谷有个杜甫的旧友，也就是杜甫诗中所言的"佳主人"，写信给他说同谷可居，辞意恳切。杜甫有首诗题为《积草岭》，记录了此事。

连峰积长阴，白日递隐见。飗飗林响交，惨惨石状变。

山分积草岭，路异明水县。旅泊吾道穷，衰年岁时倦。

卜居尚百里，休驾投诸彦。邑有佳主人，情如已会面。

来书语绝妙，远客惊深眷。食蕨不愿余，茅茨眼中见。

杜甫还闻言，同谷一带物产丰富，景色优美，适宜居住。从秦州到同谷，有几日的行程。应该说，杜甫是带着雀跃的心情出发的。他相信，同谷是个安居的好去处。

同谷，即现在的甘肃成县。如秦州，当时的同谷也是贫瘠之地。离开秦州的时候，杜甫写了首《发秦州》。在他的想象中，同谷这个地方，山水秀丽，民生安泰。尤其是那里的栗亭，良田广布，物资盈实，山崖上有丰富的蜂蜜，竹林里有新鲜的冬笋，如此等等。甚至，他还想象，闲暇之余，可以荡舟湖上。

我衰更懒拙，生事不自谋。无食问乐土，无衣思南州。

汉源十月交，天气凉如秋。草木未黄落，况闻山水幽。

栗亭名更佳，下有良田畴。充肠多薯蓣，崖蜜亦易求。

密竹复冬笋，清池可方舟。虽伤旅寓远，庶遂平生游。

此邦俯要冲，实恐人事稠。应接非本性，登临未销忧。

豀谷无异石，塞田始微收。岂复慰老夫，惘然难久留。

日色隐孤戍，乌啼满城头。中宵驱车去，饮马寒塘流。

磊落星月高，苍茫云雾浮。大哉乾坤内，吾道长悠悠。

只不过，想象终归是想象。

所谓佳境，若非亲见，终不知其山水几何。

从秦州出发，一路西行，经过铁堂峡、盐井、寒峡、法镜寺、青阳峡、龙门镇、石龛等地，入同谷界内的积草岭，直到同谷附近的泥功山、凤凰台。在这段旅程中，杜甫写了十余首纪行诗，记录沿途所见所感。见当地百姓生活艰苦，杜甫仍是无比心酸。尽管，他自己还在天涯辗转。

距离同谷县城七八里，有个地方叫凤凰山，山下有个凤凰台，台下有万丈潭，潭边有飞龙峡，峡底有凤凰村。若是以审美之心去看，此地可谓雄奇壮丽。然而，以民生而论，这里极为荒僻贫瘠，百姓食难果腹。杜甫经过这里，写了首《凤凰台》。

亭亭凤凰台，北对西康州。西伯今寂寞，凤声亦悠悠。

山峻路绝踪，石林气高浮。安得万丈梯，为君上上头。

恐有无母雏，饥寒日啾啾。我能剖心出，饮啄慰孤愁。

心以当竹实，炯然无外求。血以当醴泉，岂徒比清流。

所贵王者瑞，敢辞微命休。坐看彩翮长，举意八极周。

自天衔瑞图，飞下十二楼。图以奉至尊，凤以垂鸿猷。

再光中兴业，一洗苍生忧。深衷正为此，群盗何淹留。

　　杜甫在诗中说，凤凰台上或许有失恃失怙之雏凤，在寒风中嗷嗷待哺。如果可以，他宁愿牺牲自己的性命，以心为竹实，以血为醴泉，来饲养此瑞鸟。待其长大，定会口衔瑞图飞入长安。到那时，便可中兴大唐，百姓亦会安享太平。对于社稷，对于黎民，他仍是一片赤诚。

　　现在，杜甫已在同谷了。栗亭，是他的落脚之地。

　　然而，兴冲冲前来，生活却仍如暗夜。

　　杜甫对生活的要求很低，一间茅屋，粗茶淡饭，可以御寒，可以果腹，他就能心满意足。在那首《积草岭》里他说"来书语绝妙，远客惊深眷"，料想同谷那位故人，既然信中言语温热，便定能让他远离温饱之忧。

　　可是，实际的情况却让他很无奈。不知是何故，那位去信邀他前往的故人，许是离开了同谷，许是突然改变了主意，反正并没有在杜甫的生活中出现过。杜甫这个人，对别人给予他的接济，哪怕是点滴之恩，也常存感恩之心。比如，在秦州帮助过他的那些人，都曾在他诗中出现。而同谷这位故人，杜甫始终只字未提。

　　既然如此，杜甫在同谷的生活，就只能靠自己。

　　全家人都指望着他。而他，只是个形容憔悴的诗人。

　　一支笔，画不出良田广厦。日子依旧凄迷。


有客有客字子美，白头乱发垂过耳。

岁拾橡栗随狙公，天寒日暮山谷里。

中原无书归不得，手脚冻皴皮肉死。

呜呼一歌兮歌已哀，悲风为我从天来。

长镵长镵白木柄，我生托子以为命。

黄独无苗山雪盛，短衣数挽不掩胫。

此时与子空归来，男呻女吟四壁静。

鸣呼二歌兮歌始放，邻里为我色惆怅。

在同谷，可以说是杜甫生活最为窘困的时期。

他写有组诗《乾元中寓居同谷县作歌七首》，这是前两首。

已是冬天，寒风凛冽。为了生活，他不得不去山里采拾橡树籽，备全家人果腹之用；飞雪连天的日子，衣衫单薄的他去铲野生山芋的苗，却又往往空手而回。手脚皲裂，皮肉坏死，整个人蓬头垢面。这不是下笔如神的杜甫该有的模样。

曾经，他也是风姿翩然，也曾裘马轻狂。

那时候，人间陌上，风月正好。诗和酒，满载青春年华。

他在一个叫开元盛世的年代里，梦想着安邦济世。

可是现在，他几乎是挣扎在死亡线上。遥遥望去，是他为生计奔劳的佝偻身影。将这凄惨的生活写成诗，悲凉吟唱，连邻居都为之惆怅不堪。

身处困境，人总会忍不住怀念过往，思忆亲眷，杜甫也不例外。只是，除了身边忍饥挨饿的妻子儿女，所有亲人都远隔天涯。他在那组诗里写道：

有弟有弟在远方，三人各瘦何人强。

生别展转不相见，胡尘暗天道路长。

东飞驾鹅后鹙鸧，安得送我置汝旁。

鸣呼三歌兮歌三发，汝归何处收兄骨。

有妹有妹在钟离，良人早殁诸孤痴。

长淮浪高蛟龙怒，十年不见来何时。

扁舟欲往箭满眼，杳杳南国多旌旗。

呜呼四歌兮歌四奏，林猿为我啼清昼。

几个弟弟都在远方，杳无消息。妹妹在钟离已成孀妇，十年未曾相见。乱世流离，所有人都如飘萍，天南地北，无处得见。某天，杜甫在山里偶遇一位旧时相识的儒生，却也只是回忆过往，说些琐事。饥寒交迫的生活里，一切都很无味。

写完组诗，搁笔望天。又是一声长叹。

外面，连天的飞雪遮盖了世界。

凄凉地，照着诗人的清白。

## 一岁四行役

生活不易，谁都有山穷水尽之时。

进是天涯，退是荒野。就像，整个世界不见人烟。

但我们，仍要带着憔悴的自己，倔强地前行。天地辽阔，总有灯火明灭，总有日暖风和。人生，本就是于荒草间寻找绚烂的过程。没有勇气走出荒原泥淖，也就没有资本安坐山水田园。

在同谷，杜甫再次面临难以为继的境况。

他的生活，渐渐地，被岁月谱成了一首悲歌。

曲调太低，几近岑寂。

生活陷入绝境，杜甫不得不再次迁徙，或者说，再次逃离。

这次，他要去的是成都，安史之乱时皇帝曾逃亡于斯的地方。虽不知前程几何，但至少，与秦州和同谷相比，地处南方的成都，不至于太过寒苦。

在同谷，前后不过月余，却无比漫长。乾元二年（759）十二月初一，杜甫携家小起程入蜀。从同谷出发，途经兴州、利州、剑州、绵州、汉州等地，年底抵达成都。出发之前，杜甫写了首《发同谷县》。

贤有不黔突，圣有不暖席。况我饥愚人，焉能尚安宅。

始来兹山中，休驾喜地僻。奈何迫物累，一岁四行役。

忡忡去绝境，杳杳更远适。停骖龙潭云，回首白崖石。

临岐别数子，握手泪再滴。交情无旧深，穷老多惨戚。

平生懒拙意，偶值栖遁迹。去住与愿违，仰惭林间翮。

乾元二年（759），大概是杜甫生平最窘困的年份。

这年，他前后搬迁四次，只为寻得安身之所，却总是失望。

从洛阳到华州，再到秦州，再到同谷，最后到成都，从春暖花开，走到了飞雪漫天，总是飘零的模样。四十八岁的杜甫，吞下了所有苦涩，瑟缩着下笔，竟也是满纸华章。从夏天的"三吏三别"，到秋冬的陇右诸诗，大都成就卓然。

他离开朝廷，走向了苍生，回到了最真实的生活中。那些脚踏实地的日子，固然是风雨如晦，却让他切身体会了寻常百姓的苦涩和无助。他所写的，都是柴米油盐的日子，以及这日子里的苦辣酸甜。自然地，最接地气，也就最受普通民众欢迎。就仿佛，他写的每字每句，都是我们自己的生活。实际上，那些悲苦惨淡的画面，是寻常生活，也是开元盛世凋谢后的满地荒烟。

现在，杜甫在第四次迁徙的途中。之所以选择成都，除了那里远离战乱，还因为那里物产丰富，而且风景壮美，名胜古迹遍布。不过，杜甫也清楚，此去成都，因有朋友在那里，生活不至于太难，但他距离长安，距离自己的人生理想，却是越来越远了。

从同谷至成都，二十多天的行程，杜甫写了不少诗，其中有十二首纪行诗，描述了旅途中壮丽的山水图景，如《木皮岭》《龙门阁》《白沙渡》《飞仙阁》《剑门》等。

> 土门山行窄，微径缘秋毫。栈云阑干峻，梯石结构牢。
> 万壑欹疏林，积阴带奔涛。寒日外澹泊，长风中怒号。
> 歇鞍在地底，始觉所历高。往来杂坐卧，人马同疲劳。
> 浮生有定分，饥饱岂可逃。叹息谓妻子，我何随汝曹。

虽是纪行之作，却以感叹结束。

叹息谓妻子，我何随汝曹。话语简单，却足见深情。

意思是：此生随了我，苦了你了。的确，与清贫甚至是潦倒的杜甫相伴人间，让那女子尝尽了心酸。然而，即使如此，她仍是不离不弃。只因，杜甫对他情深。他何尝不想给她现世的安稳？

可是，他只是一介文人，不擅亦不屑钻营，入得仕途，又不得不在落寞中离开，所以很多时候，对于生活，他总是捉襟见肘。对于妻子，他始终是心疼而又愧疚的。但是，那样的境况，执她之手，一句"苦了你了"，便是最深情的告白。这样的杜甫，妻子也必然会为他倾尽温柔。

他的诗中，妻子时有出现。

未知其容貌，却总让人相信，那是个温静恬淡的女子。

贫贱相依，患难相随。这才是爱情最纯粹的模样。

人生的平淡况味，就在这寻常门巷之中。

深冬，过了剑门关，成都平原就呈现在杜甫眼前了。此番旅程，是以一首《成都府》结束的。长途跋涉，露宿风餐，终于落脚于锦城。

翳翳桑榆日，照我征衣裳。我行山川异，忽在天一方。
但逢新人民，未卜见故乡。大江东流去，游子去日长。
曾城填华屋，季冬树木苍。喧然名都会，吹箫间笙簧。
信美无与适，侧身望川梁。鸟雀夜各归，中原杳茫茫。
初月出不高，众星尚争光。自古有羁旅，我何苦哀伤。

从前，那样繁华的长安，也曾让他飘零十载。

因此，虽已人在锦城，但未来到底会怎样，他并不确定。

这首诗，真实地刻画了杜甫初到成都时喜忧交集的感情。全诗并无惊人之语，亦无奇险之笔，只是将诗人自己的所见所闻，所感所想，迤逦写出，明白如话，却蕴含了深沉的情思，风格古朴浑成，有汉魏遗风。

成都为古蜀国故地，蜀人创造了辉煌神秘、能与中原文明媲美的古蜀文明，留下了广汉三星堆遗址和成都的金沙遗址。秦灭蜀，改称蜀郡。西汉时成都织锦业发达，朝廷在此设置"锦官"进行管理，因此，成都又被称为"锦官城"或"锦城"。五代时，后蜀主孟昶下令遍种芙蓉，成都又被称为"蓉城"。

西汉末年，公孙述称帝，定成都为"成家"。东汉末年，刘焉做"益州牧"，移治于成都，用成都作为州、郡、县治地。秦时成都已成为全国大都市，西汉时人口超四十万。著名文学家司马相如和扬雄，都出生于成都。

隋唐时期，成都经济发达，文化繁荣，佛教盛行，列全国四大名城（长安、扬州、成都、敦煌）之第三位。当时，成都文学家云集，李白、王勃、卢照邻、高适、李商隐、高适、薛涛等人，都曾旅居成都。而在宋朝，苏轼、柳永、黄庭坚、范成大、陆游等词人都曾在这里小住或长居。

千百年后，武侯祠、薛涛井、百花潭、青羊宫、文殊院、昭觉寺、望江楼、王建墓、杜甫草堂古迹，在不断变幻的时光里见证着岁月的沧桑。

杜甫不知道，半个多世纪后，那个叫薛涛的才女，在浣花溪畔深居简出。红笺小字，满是往事痕迹。她筑了一座吟诗楼，身着女道士装束，隐居在楼中，就像筑了一座心的城堡，将自己安放在那里，远离了所有的喧嚣。然后，飘出人世，寂静如尘。多年后，望江楼上那副楹联，概括了薛涛繁华而孤寂的一生：

古井冷斜阳，问几树批把，何处是校书门巷；
大江横曲槛，占一楼烟雨，要平分工部草堂。

杜甫不知道，两百多年后，那个愿把浮名换取浅斟低唱的柳永，来到成都，独游浣花溪，留下一首《一寸金》。从舞榭歌台到山河日月，从市井繁华到今古风流，可以说，这首词写尽了成都的雅与俗。此间的天文地理、民俗文化，尽在这百余字之中。

井络天开，剑岭云横控西夏。地胜异、锦里风流，蚕市繁华，簇簇歌台舞榭。雅俗多游赏，轻裘俊、靓妆艳冶。当春昼，摸石江边，浣花溪畔景如画。

梦应三刀，桥名万里，中和政多暇。仗汉节、揽辔澄清，高掩武侯勋业，文翁风化。台鼎须贤久，方镇静、又思命驾。空遗爱，两蜀三川，异日成嘉话。

杜甫知道的是，他的至交好友李白，多年前从这里出发，去了许多地方，拾得一怀萧索。而现在，他虽无比挂念，却不知那个飘洒如风的诗人身在何处。他想着，漂泊多年，李白也该回归故里了。于是，他在诗里说，匡山读书处，头白好归来。而那诗人，终究没能回到蜀中。

李白曾在诗中写道："九天开出一成都，万户千门入画图。草树云山如锦绣，秦川得及此间无。"他笔下的成都，秀美如画。但他，永远留在了异乡。

成都，历代文人皆因其富庶和悠闲而为之神往。宋代人说，成都游赏之盛甲于西蜀，西蜀甲于天下。此话不假。乾元二年除夕前，杜甫来到了这里。结束了颠沛流离，他在这里过了几年相对安逸的生活。

大概是秀逸景色给了他灵感，在这里写了数百首诗。

夕阳下，人来人往。几分慵懒，几分悠然。

杜甫初见成都。岁暮，黄昏。

# 第五卷：西南漂泊

喜欢这世界，不因其浮华，不因其绚烂。

却是因为，走过的地方总有深情，遇见的故事总有温暖。

## 卜居浣花溪畔

生活这盘棋，并非由我们落子。

我们只是棋子，看似跃马关山，其实始终在棋盘里。

云烟山水，聚散悲欢，都被岁月主宰着。

若人生如意，此时的杜甫应是在君王之侧，纵论今古，整饬乾坤；若人生如意，杜甫便无须四方漂泊，历尽人间悲苦。可是，若是那样，他虽有安民之心，却未必能尝遍人间滋味，笔下的诗也难免有失于世道沧桑气韵。

于是，我们在为他萧瑟生平感喟的同时，又总是庆幸，这笔底生凉的诗人，离我们很近。他所写的，就是我们的寻常生活。那是酸甜苦辣交织的烟火日子。

张籍说，锦江近西烟水绿，新雨山头荔枝熟；刘禹锡说，濯锦江边两岸花，春风吹浪正淘沙；陆游说，烟柳不遮楼角断，风花时傍马头飞。这是文人墨客笔下的成都。那个冬天，杜甫来到了这里，带着满身的疲惫和风尘。

初至成都，杜甫和家人借住在西郊外古寺里。不过，杜甫在成都有不少朋友，经这些人慷慨帮助，他很快就搬离了古寺。那时候，在他的众多朋友里，最显赫的当属裴冕，后来是高适和严武。

杜甫在成都的时候，成都府尹还担任剑南道西川节度使，掌管二十多个州郡、百余个县。乾元二年（759），西川节度使是裴冕，他可谓官路亨通，在肃宗登基后曾任宰相。杜甫入朝为官后，与裴冕有些往来。

只不过，在马嵬事变后，裴冕是肃宗继位的极力拥戴者，就朝廷党派来说，他与房琯分属新旧两派，而杜甫身为房琯的朋友，曾为房琯被贬而力谏肃宗，甚至惹恼了肃宗。因此，杜甫与裴冕私交不会太深，但这并不影响他欣赏裴冕的才干，也不影响后者给他切实的帮助。

就杜甫的处境来说，他所需要的帮助，首先是可解燃眉之急的钱物，其次是为他介绍有报酬的文字工作。当然，倘若能够给他个足以维系生计的官职，无疑是极好的，只是这件事大部分人无力为之。可以肯定的是，杜甫抵达成都后，得到了很多朋友的尽力帮扶。偶尔，他也会经朋友们介绍，做些笔墨工作以赚取酬劳。

显赫之时，与你推杯换盏的那些人，未必是朋友。

真正的朋友，是在你落魄之时，仍能不厌不弃，肝胆相照。

有时候，一盏孤灯，抵得上千场盛宴。

不久之后，杜甫在浣花溪畔建了一座草堂。浣花溪位于成都西南，传说浣花夫人是唐代浣花溪边一个农家的女儿，她年轻的时候，有一天在溪畔洗衣，遇到一个遍体生疮的过路僧人，跌进沟渠里，这个游方僧人脱下沾满了污泥的袈裟，请求替他洗净。姑娘欣然应允。当她在溪中洗涤僧袍的时候，却随手漂浮起朵朵莲花来。霎时遍溪莲花泛于水面，浣花溪因此闻名。。

浣花溪往东数里是万里桥，是当年诸葛亮送费祎出使东吴的地方。据说，诸葛亮在送别费祎的宴会上对费祎说"万里之行，始于此桥"，万里桥因而得名。

浣花溪畔风景秀美，流水小桥、竹径茅舍，无一不透着清雅别致。明代钟惺游览浣花溪后，写了《浣花溪记》，其文说："出成都南门，左为万里桥，西折纤秀长曲，所见如连环、如玦、如带、如规、如钩、色如鉴、如琅玕、如绿沉瓜，窈然深碧、潆回城下者，皆浣花溪委也。然必至草堂，而后浣花有专名，则以少陵浣花居在焉耳。"

杜甫就在这个草树溪桥相映的地方，有了自己的安身之处。对于窘困的他来说，修建这个草堂并不容易，事事都离不开亲友们的扶助。表弟王十五在成都府里当差，知道他要在成都安家，特地送来一笔钱，杜甫无以为报，只好以诗相赠，题为《王十五司马弟出郭相访兼遗营草堂赀》。

客里何迁次，江边正寂寥。肯来寻一老，愁破是今朝。

忧我营茅栋，携钱过野桥。他乡唯表弟，还往莫辞遥。

同时，杜甫还写诗向各处寻觅花草树木，用来装点草堂。

比如，他向萧实求取桃树苗，向韦续求取绵竹，向何邕求取蜀中特有的桤树苗，向徐卿求取果木苗，向韦班求取松树苗。甚至，还向韦班求取大邑县的瓷碗。总之，经多方资助，杜甫的草堂终于建成了，环境幽雅，景色宜人。

上元元年（760）暮春时节，杜甫草堂落成。结束了漂泊，他终于有了自己的栖身之所。草堂不算富丽，但对杜甫来说，已经足够。经历了那些栉风沐雨的时光，有个安身之地，让妻子儿女免受风雨欺凌，已经算是幸事。

人往往是这样，身处清平年代，享受着温饱太平，却总是免不了贪恋富贵荣华。只有历尽磨难，才会明白，简单活着，清白而恬淡，即可谓完满。

人生，终要在寂静中结束。

所有喧闹，所有沉浮，总会归于平淡。

身处平淡，却又意趣横生，就算是活出了味道。

草堂落成，杜甫写了首《堂成》，颇见欣喜之意。

背郭堂成荫白茅，缘江路熟俯青郊。

桤林碍日吟风叶，笼竹和烟滴露梢。

暂止飞乌将数子，频来语燕定新巢。

旁人错比扬雄宅，懒惰无心作解嘲。

杜甫草堂在成都城郭之外，锦江边上。

流水野桥，芳草碧树，又有飞乌往来，尽是野逸之趣。

扬雄字子云，是西汉著名辞赋家，所谓"歇马独来寻故事，文章两汉愧扬雄"。刘禹锡著名的《陋室铭》中"西蜀子云亭"的西蜀子云即为扬雄。他曾撰写《太玄》等，将源于老子之道的玄作为最高范畴，并在构筑宇宙生成图式、探索事物发展规律时，以玄为中心思想，是汉朝道家思想的继承和发展者，对后世意义可谓重大。

旁人错比扬雄宅，懒惰无心作解嘲，有两层含义。扬雄宅又名草玄堂，故址在成都城西南角，和杜甫草堂有着地理上的联系。杜甫在草堂吟诗作赋，幽静而落寞的生活，有些和左思《咏史》诗里说的"寂寂扬子宅，门无卿相舆"的情况相类似。扬雄曾闭门著书，写他的《太玄》，草玄堂因而得名。

杜甫初到成都，寓居古寺时，高适寄给他的诗《赠杜二拾遗》里说："草《玄》今已毕，此后更何言？"拿他和扬雄写《太玄》相比。杜甫写诗回复道："草《玄》吾岂敢，赋或似相如。"这首诗说草堂不能比拟扬雄宅，也是表示他自己并没有像扬雄那样，写《太玄》之类的鸿篇巨制。这意思可以从上述答高适诗里得到印证。

另外，扬雄在《解嘲》里自我标榜，说他闭门写《太玄》，阐明圣贤之道，无意于富贵功名。实际上，他之所以写这篇《解嘲》，正是发泄宦途不得意的愤懑之情。而杜甫只不过把这草堂作为避乱偷生之所，和草玄堂里的扬雄心情是不同的。因此，也就懒得发类似《解嘲》的牢骚了。

事实上，杜甫在成都建草堂而居，与退隐田园的陶渊明也有很大不同。终其一生，杜甫都在入仕与出世之间徘徊。想居庙堂之高，却见朝廷昏暗不堪；想处江湖之远，又不愿轻易抛弃理想。

莳花种豆，饮酒写诗，这样的清雅他也喜欢。

但他更愿意，这些事是在实现抱负后，主动的返璞归真。

不管怎样，现在的杜甫终于有心情饱览成都佳景了。实际上，只是浣花溪畔，就足以让他流连终日了。就像他那首《卜居》所写：

浣花流水水西头，主人为卜林塘幽。

已知出郭少尘事，更有澄江销客愁。

无数蜻蜓齐上下，一双鸂鶒对沉浮。

东行万里堪乘兴，须向山阴上小舟。

林泉之间，终于有了杜甫的身影。

他未必想就此退隐，但的确体味着悠然。

三千年读史，不外功名利禄；九万里悟道，终归诗酒田园。

至少此时，杜甫是属于田园生活的。

## 江村事事幽

流光沉默，世界喧嚷。

我们就在这浮华的世界里，于喧闹中寂静，于流浪中修行。

所有的奔走与挣扎，我们往往以实现人生价值为理由，向自己交代。实际上，生命的妙处，不仅在于拥有声名地位，更在于无论是否拥有，都能坦然和淡然。

生于尘世，我们固然不能让光阴虚度，不能以平淡是真来掩饰自己的碌碌无为，但也不能在奔忙中失去自我，失去应有的情致。兴许，偶尔的闲暇，听雨看山，品茗对弈，抵得上数载奔忙。

有人喜欢城市里的车水马龙，也有人喜欢村庄里的小径斜阳。心性不同，志趣也就不同；态度不同，人生也就不同。最重要的是，若干年后，回首往事，能够无怨无悔。

　　总会在不经意间想起千百年前的那些诗意情怀。竹林的放浪形骸，花间的低吟浅酌，都让人心驰神往。如今，还有几人记得，月下的黄昏，曾有人临轩赋诗；飘雪的冬夜，曾有人围炉煮酒？多年后的人间，到底是多了些喧响，少了些悠然。

　　四十九岁的杜甫，总算过了一段安恬日子。

　　他的身边，有山有水，有诗有酒。还有一家人的风和雨细。

　　飘零时越是凄苦，安稳后就越觉得幸福。

　　杜甫并不想就此隐退，从此不问世事。事实上，他仍旧念着朝廷和苍生。儒家说，穷则独善其身，达则兼济天下。而杜甫则是，即使清贫寥落，也始终心系江山百姓。不过，再忧国忧民，也总不至于身处田园，笔下还尽是长吁短叹。在成都，杜甫的生活显然比从前明亮了许多。诗也就随之清淡了许多。

　　江深竹静两三家，多事红花映白花。

　　报答春光知有处，应须美酒送生涯。

　　竹巷茅庐，断桥芳草；清风明月，碧水蓝天。

　　他就在那清净的村舍里，饮酒写诗，答报明媚光阴。

　　有闲趣，有雅趣。那是安坐田园的姿态。

　　时光深处，住着许多这样的身影。几分醉意，几分陶然。

　　陶渊明说，"采菊东篱下，悠然见南山。山气日夕佳，飞鸟相与还"；王维说，"行到水穷处，坐看云起时。偶然值林叟，谈笑无还期"；刘长卿说，"过雨看松色，随山到水源。溪花与禅意，相对亦忘言"；柳宗元说，"晓耕翻露草，夜榜响溪石。来往不逢人，长歌楚天碧"。

那样的画面，我们称之为田园生活。

这些诗人，人生并不平坦。他们有过伶俜与萧瑟。

但他们，选择了远离繁华，与时光对酌。那是对人生了然于心后的从容。就像罗曼·罗兰所言，世上只有一种真正的英雄主义，那就是认清生活的真相后依然热爱生活。

人生，没有完满可言。

生于尘世，就注定要接受世界的惝恍流离。

我们能做的，就是于水穷处看云起。偶尔停下脚步，或者远离喧嚣，于山水云月间，寻得几许淡净飘洒。不管怎样，我们爱这草木春秋。只因，我们有缘涉足尘世。

如今的杜甫，真有几分靖节先生的意思了。他的《为农》一诗这样写道："锦里烟尘外，江村八九家。圆荷浮小叶，细麦落轻花。卜宅从兹老，为农去国赊。远惭句漏令，不得问丹砂。"虽然仍旧不忘国事，但他毕竟爱这烟村的农家生活。

几亩地，几座山，流水相绕。

一壶酒，几分月，日子如禅。

南京久客耕南亩，北望伤神坐北窗。

昼引老妻乘小艇，晴看稚子浴清江。

俱飞蛱蝶元相逐，并蒂芙蓉本自双。

茗饮蔗浆携所有，瓷罂无谢玉为缸。

成都这个地方，虽不似江南那般烟水迷离，却自得闲逸。

这里杜甫所说的南京，指的是成都。如今我们所说的南京，在唐朝时被称作金陵或江宁。成都是历史上第一个被冠以"南京"之名的城市。在唐朝，许多人认为，全国的城市里以扬州最为繁华，益州（即成都）紧随其后，因此有"扬一益二"的美誉。不过，成都取得"南京"之名并不是依靠繁华，而是因为"安史之乱"。

安史之乱中，唐玄宗仓皇幸蜀，驻跸成都。唐肃宗于灵武继位后，遥尊唐玄宗为太上皇，同时于至德二年（757）趁势将其驻跸的成都，升格为"南京"。成都就这样从一个地方都市，摇身一变成了大唐"南京"。不过，三年后的上元元年（760）十月，成都的"南京"之名被取消。由此也可以看出，杜甫这首《进艇》写于初至成都那年。

某个清晨，杜甫蓦然间想起了往事，想起了从前的盛世华年。

那时候，社稷安定，民生太平。那时候，他还意气风发。

可是现在，一切都无比遥远。被叛军践踏以后，九重宫阙、雕梁画栋早已满目疮痍，昔日的繁华旧景早已荡然无存。留下的，只有摇摇欲坠的城阙和遍地斑斑的血迹，以及无数难以安身的庶民百姓。想起这些，杜甫忍不住黯然神伤。却也只能掩上过往，流连于目下的生活。

毕竟，他身处的，是个云淡风轻的日子。这天，他身着布衣，携了妻子，于浣花溪上泛舟游赏。不远处，孩子们在自由嬉戏。日光温暖，水光潋滟；荷叶田田，蝴蝶翩翩。小舟之上，品茗对酌，甚是畅快。

对平生寥落的杜甫来说，这大概算是最幸福的画面了。

清静的村庄，竹篱茅舍，平淡的小日子。泛舟饮酒，意趣横生。

而在夏日，又是另一番情趣。

清江一曲抱村流，长夏江村事事幽。
自去自来堂上燕，相亲相近水中鸥。

老妻画纸为棋局，稚子敲针作钓钩。
但有故人供禄米，微躯此外更何求。

长长的夏日，小村寂静而幽雅。

梁上的燕子自由来去，水中的白鸥相伴相随。

兴许，杜甫正在品着一壶酒，看天边云彩或卷或舒，习习凉风吹得他半醉。而此时，妻子杨氏正在用纸画棋盘，小儿子则敲打着针做鱼钩。这画面让他诗意顿生，于是，悠然下笔，便有了这首诗。而我们，也可以借着诗句，感受着村舍闲居的自在。饱经离乡背井苦楚、备尝颠沛流离艰虞的诗人，难得有这样的娴雅之情。

浣花溪畔，江流曲折，水木清华，一派恬静幽雅的田园景象。

诗人拈来放笔咏怀，愉悦之情是可以想见的。

王介甫《悼鄞江隐士王致》诗云："老妻稻下收遗穗，稚子松间拾堕樵。"也是相似的情趣。杜甫的闲适，王介甫的隐逸，各有妙处。

四百多年后，辛弃疾仕途屡受挫折，后来长期未得朝廷任用，在信州（江西上饶）闲居多年，写了大量田园词。在带湖居住时，他写了首《清平乐·村居》，与杜甫这首《江村》有异曲同工之妙。

茅檐低小，溪上青青草。醉里吴音相媚好，白发谁家翁媪？
大儿锄豆溪东，中儿正织鸡笼。最喜小儿亡赖，溪头卧剥莲蓬。

豪迈的辛稼轩，沉郁的杜子美，笔下不失恬淡。

世事如冰。谁都不该辜负山间篱下那几分清朗明媚。

村居的日子，祥和安适，轻描淡写。平淡的生活，往往最有味道。

此时的杜甫，有妻子对酌谈笑，有儿女嬉笑绕膝，无疑是幸福的。幸福的画面，大抵都是这样：生活散淡，岁月清浅。原本就是这样：幸福往往相似，不幸却有很多种。

杜甫，四十九岁，已是鬓发苍白。眼见仕途无望，也只好安享田园乐趣。若非心系家国社稷，他对生活本就没有奢求。对他来说，箪食瓢饮，也不算苦涩；陋巷茅庐，也不嫌寒酸。

生活，原本可以简简单单，平平淡淡。没有争斗，没有彷徨，没有妄求，没有机心。有绿水青山，芳草斜阳，便好；有小径炊烟，月白风清，便好。

偶尔独自出门，行走天地，来去潇洒；偶尔三五知己，月下倾谈，花间漫步。若能如此，人生或许会少些惆怅，多些自在。尽管世事荒凉，我们仍可以洗去尘埃，拾得几分清雅和快意。

人生价值的体现，未必是忙得不可开交。

而应该是，应需而忙，酌情而闲，不必刻意为之。

只不过，忙要有价值，闲要有滋味。


## 花径不曾缘客扫

日子，是可以如诗的。

只要心怀明媚，花草树木皆可入诗。

若身在林泉，便安坐云水；若身在人海，便自得清欢。纵然，人在天涯，雨雪未央，也应以淡然之心，画茅舍炉火，做个知足的风雪夜归人。

平淡琐碎的日子里，我们都应在心中开一扇晴窗。

与天空和大地为邻，让岁月安然抵达彼岸。

终究，浮华世界，我们活的是心情。

带着一颗随遇而安的心，杜甫在成都过得很是惬意。宋朝无门慧开法师有诗云："春有百花秋有月，夏有凉风冬有雪。若无闲事挂心头，便是人间好时节。"诗中所言的闲事，对于杜甫，就是大唐朝廷的兴衰，以及万千黎民的悲喜。不过，他远在江湖，再忧虑也终是徒劳。既然如此，他便只好栖身草堂，体会难得的闲逸。

转眼，已是上元二年（761）春天了。

一场春雨，淅淅沥沥，润物细无声。洗涤出一个花红柳绿的世界。

好雨知时节，当春乃发生。随风潜入夜，润物细无声。
野径云具黑，江船火独明。晓看红湿处，花重锦官城。

这首诗题为《春夜喜雨》，足见雨后杜甫的欣喜。

春江水暖，柳暗花明。他在他的诗里，安坐着，自斟自酌。

大概，情境如陆游所写：小楼一夜听春雨，深巷明朝卖杏花。

生活少了些索寞，诗歌就多了些疏朗。他写风雨，"细雨鱼儿出，微风燕子斜"；他写静夜，"云掩初弦月，香传小树花"；他写落日，"落日在帘钩，溪边春事幽"；他写晚晴，"夕阳薰细草，江色映疏帘"。

这个春天，草堂周围除了花草树木，还在溪畔筑起了亭台，古朴而典雅。环境幽美，心情尚佳，杜甫的身体较之从前也轻快了许多。因此，他在《漫成二首》中写道：

野日荒荒白，春流泯泯清。渚蒲随地有，村径逐门成。
只作披衣惯，常从漉酒生。眼前无俗物，多病也身轻。

江皋已仲春，花下复清晨。仰面贪看鸟，回头错应人。

读书难字过，对酒满壶频。近识峨眉老，知予懒是真。

这样清闲懒散的模样，是我们不熟悉的。

但那的确是杜甫的身影。闲居村野，悠闲自得。

偶尔，他也会走出草堂，去成都城里寻访古迹。他去武侯祠，怀念三国时蜀国丞相诸葛亮。诸葛亮字孔明，号卧龙，早年随叔父诸葛玄到荆州，诸葛玄死后，诸葛亮就在襄阳隆中隐居。后来，刘备三顾茅庐，又有隆中之对，诸葛亮于是出山辅佐。

其后，刘备联孙抗曹，于赤壁之战大败曹军。形成三国鼎足之势，又夺占荆州，继而攻取益州。继又击败曹军，夺得汉中。刘备在成都建立蜀汉政权，诸葛亮被任命为丞相，主持朝政。蜀后主刘禅继位，诸葛亮被封为武乡侯，领益州牧，勤勉谨慎，大小政事必亲自处理，赏罚严明。终因积劳成疾，于蜀建兴十二年（234）病逝于五丈原（今陕西宝鸡岐山境内），享年五十四岁。刘禅追封其为忠武侯，后世常以武侯尊称诸葛亮。

诸葛亮的才学与智谋，历来为人所称道。终其一生，鞠躬尽瘁、死而后已，是中国传统文化中忠臣与智者的代表人物。有感于诸葛亮的雄才大略，以及忠心报国之心，杜甫写了首《蜀相》：

丞相祠堂何处寻，锦官城外柏森森。

映阶碧草自春色，隔叶黄鹂空好音。

三顾频烦天下计，两朝开济老臣心。

出师未捷身先死，长使英雄泪满襟。

杜甫自己，空有"致君尧舜"的政治理想，却是仕途坎坷，抱负无法施展。写这首诗时，安史之乱还没有平息。目睹了国势艰危，生灵涂炭，而自身又请缨无路，报国无门，因此对开创基业、挽救时局的诸葛亮，无限仰慕，倍加敬重。

他去司马相如的抚琴台。司马相如字长卿，西汉辞赋家。作品辞藻富丽，结构宏大，为汉赋的代表作家，后人称之为赋圣和"辞宗"。鲁迅的《汉文学史纲要》中还把他和司马迁放在一起加以评述，并且说："武帝时文人，赋莫若司马相如，文莫若司马迁。"

不过，司马相如之所以为人所熟知，除了其卓绝的才华，还有与卓文君的那场旷世的爱情。两千多年前，他是远近闻名的才子，她是才貌双全的佳人。她新寡，他对她十分仰慕。于是，在一场宴会上，他以一曲《凤求凰》令隔帘听曲的她如痴如醉。不久后，他们私订终身。她的父亲不同意，她便随了他私逃而去，当垆卖酒。

茂陵多病后，尚爱卓文君。酒肆人间世，琴台日暮云。
野花留宝靥，蔓草见罗裙。归凤求凰意，寥寥不复闻。

直到白发苍苍，那才子依旧爱那女子。一如最初。

显然，那不是刹那的风流过往，而是一场至死不渝的爱情。

叶芝在《当你老了》中这样写道："当你老了，头发花白，睡意沉沉，倦坐在炉边，取下这本书来，慢慢读着，追梦当年的眼神，那柔美的神采与深幽的晕影。多少人爱过你青春的片影，爱过你的美貌，以虚伪或是真情，唯独一人爱你那朝圣者的心，爱你哀戚的脸上岁月的留痕。"

爱情，最美莫过于执手到老。

所有的缱绻，都抵不上风雨相随，从青丝到白发。

暮色沉沉的时候，最初那个人还在身边。这便是一份完满。

可惜，许多曾经耳鬓厮磨的眷侣，最终挥手作别。人们说，相见不如怀念；人们说，相濡以沫，不如相忘江湖。许是情深缘浅，许是缘深情浅，总之，许多爱情，不知不觉间就成了往事。却也有人，在薄情的世界里，爱得平静而深沉。执手红尘，不离不弃。所谓的地老天荒，大概不过如此。

杜甫的爱情便是如此，寂静而温暖。

琴台之上，遥思那场爱情，他应有会心的微笑。

他与妻子，虽无凤求凰的浪漫，却也做到了患难相随。

这场平淡的爱情，历经千年而不褪色。不是因为缠绵悱恻。

而是，它包含了深情，以及人间冷暖。

结束了游赏，杜甫回到了草堂。浣花溪畔，云水无恙。除了独自的清欢，杜甫也常与邻居相与往来。这里没有达官显贵，有的是落魄文人或村夫野老。比如，北邻是一个曾经的县令，嗜好诗酒，时常造访草堂；南邻的朱山人，数次邀杜甫前往对酌；卖文为生的斛斯融，也与杜甫有诗酒之谊。

都是些质朴纯真之人，与杜甫意气相投，因此相处极是融洽。偶尔，村人送来樱桃；偶尔，夜半突然犯了酒瘾，派孩子前往，也能从邻家那里赊来好酒；每遇节庆，杜甫与邻居相聚，闲话家常，尽是田园兴味。

当然，杜甫也喜欢被远方的朋友造访。他在《有客》中写道："竟日淹留佳客坐，百年粗粝腐儒餐。不嫌野外无供给，乘兴还来看药栏。"某天，以画马而闻名的韦偃来访，临别时，他为杜甫在墙上画了两匹骏马。杜甫为之题诗《题壁上韦偃画马歌》，其中写道："韦侯别我有所适，知我怜君画无敌。"不久之后，一位邻居看见了这首题诗，于是要杜甫给自己家悬挂的王宰所画山水图题诗，杜甫欣然答应，作诗《戏题王宰画山水图歌》：

> 十日画一水，五日画一石。
> 能事不受相促迫，王宰始肯留真迹。
> 壮哉昆仑方壶图，挂君高堂之素壁。
> 巴陵洞庭日本东，赤岸水与银河通，中有云气随飞龙。
> 舟人渔子入浦溆，山木尽亚洪涛风。
> 尤工远势古莫比，咫尺应须论万里。
> 焉得并州快剪刀，翦取吴松半江水。

某日，好友崔明府来访。

欣喜的杜甫，甚至有几分郑重。

为了欢迎老友，他扫了花径，打开了柴扉，备好了酒菜。

虽是薄酒素餐，却是情意深重。想必，作为杜甫的好友，崔明府不会在意筵席是否丰盛。人与人相交，最重要的是意气相投，可以倾谈月下，可以围炉煮酒。醉卧花间，颠倒迷离，也不觉得尴尬；粗茶淡饭，贫寒清苦，也不觉得赧颜。

真正的朋友，赤诚相对，自然不会在意身外之物。

这次相逢后，有了那首充满生活气息和人情味道的《客至》：

> 舍南舍北皆春水，但见群鸥日日来。

花径不曾缘客扫，蓬门今始为君开。

盘飧市远无兼味，樽酒家贫只旧醅。

肯与邻翁相对饮，隔篱呼取尽余杯。

世道萧索，知己难寻。

这世上，值得我们为其敞开心扉的人其实并不多。

能够与我们开怀对饮，无拘无束的人也不多。

很多时候，尽管觥筹交错，高谈阔论，真心相交的人却没有几个。茫茫人世，多的是虚与委蛇，少的是真情实意。杜甫的朋友，算得上知交的，寥寥无几。崔明府应是其中之一，因此杜甫珍惜这样的相逢。花草遍地的庭院小路，从来没有因为迎客而打扫过，此时则细心扫去尘埃；茅屋的柴扉，从来都紧闭着，此时则为对方打开。散淡的日子中，故人突然前来，他不由得喜出望外。

陶渊明说："过门更相呼，有酒斟酌之。"在这里，杜甫也是同样的心境。可以想见，两位挚友越喝酒意越浓，越喝兴致越高。于是诗人问客人是否肯与邻家的老翁相对而饮，如果肯的话，就隔着篱笆，召唤他过来，一起喝尽这最后几杯。

无须事先约请，随意过从招饮。

真率纯朴之人，才可以这样，不虚伪，不矫饰。

## 安得广厦千万间

人都喜欢风平浪静的日子。

但若始终无风无雨，生活未免少了些滋味。

有起有落，有晴有阴，这才叫人生。就像，一首歌，总有高低缓急；一幅画，总有浓淡疏密。有起落浮沉，诗词才有平上去入，人生才有离合悲欢。

成都固然钟灵毓秀，草堂固然古朴素雅，但杜甫的生活并非总是轻描淡写。上元元年暮春，在杜甫草堂落成前后，朝廷任命原京兆尹李若幽为成都尹、剑南西川节度使，接替裴冕。裴冕离开后，人们对杜甫的接济就渐渐少了。

在成都，杜甫有不少纯粹的朋友，但多数贫寒。从前，许多人尤其是官场中人，之所以资助他，不过是为了自己的前程，巴结他的朋友裴冕罢了。随着裴冕的调职，这些人必然会疏远清贫的杜甫。那些贫贱相交的朋友，又难以给杜甫实质性的帮助。而杜甫所种田地，并不能维持生计。所以，一年多以后，他的生活又显窘迫。

不过，至少在上元二年（761）这个春天，他还是闲悠的。

他写《江畔独步寻花》，又写《绝句漫兴》。日子不乏诗酒快意。

黄师塔前江水东，春光懒困倚微风。
桃花一簇开无主，可爱深红爱浅红？

黄四娘家花满蹊，千朵万朵压枝低。
留连戏蝶时时舞，自在娇莺恰恰啼。

二月已破三月来，渐老逢春能几回。
莫思身外无穷事，且尽生前有限杯。

懒慢无堪不出村，呼儿日在掩柴门。

苍苔浊酒林中静，碧水春风野外昏。

看上去，景明春和，繁花如锦。

日子，却在这斜风细雨中，渐渐凌乱了起来。

这年秋天，杜甫在成都的生活也几乎到了潦倒境地。八月，秋风肆虐，卷走了草堂顶上的茅草。风定后，又是夜雨潇潇，草堂因为漏雨，几无干燥之处。就在那个夜晚，他写了首《茅屋为秋风所破歌》。写的是夜雨中的草堂，也是困顿中的自己，更是风雨飘摇中的大唐王朝。

八月秋高风怒号，卷我屋上三重茅。

茅飞渡江洒江郊，高者挂罥长林梢，下者飘转沉塘坳。

南村群童欺我老无力，忍能对面为盗贼。

公然抱茅入竹去，唇焦口燥呼不得，归来倚杖自叹息。

俄顷风定云墨色，秋天漠漠向昏黑。

布衾多年冷似铁，娇儿恶卧踏里裂。

床头屋漏无干处，雨脚如麻未断绝。

自经丧乱少睡眠，长夜沾湿何由彻！

安得广厦千万间，大庇天下寒士俱欢颜！风雨不动安如山。

呜呼！何时眼前突兀见此屋，吾庐独破受冻死亦足！

风雨凄凄，自顾不暇，还在心忧天下。

这样的杜甫，必会有人嘲讽。但那颗济世之心，让人拜服。

他说，何时才能筑起广厦万间，让天下贫寒之士，都有安身之处，无须再受风雨欺凌之苦。若能如此，哪怕自己忍受贫寒，也心甘情愿。是的，他宁愿冻死，也要换取天下贫苦者的温暖。他知道，安史之乱尚未平复，无数黎民还在流浪。这是他与生俱来的仁者情怀。

白居易在《新制布裘》中写道，"安得万里裘，盖裹周四垠。稳暖皆如我，天下无寒人"，也有慈悲之心。不过，那只是推身利以利人，不及杜甫的"宁苦身以利人"。杜甫之胸襟，由此可见一斑。

人们说，在薄情的世界里，深情地活着。

对世界的深情，大概就是历尽风雨沧桑，依旧眷恋山川草木。

依旧，懂得感恩，心怀慈悲。

这年，杜甫五十岁。乐天知命之年，生活仍不如意。他在《百忧集行》中写道："即今倏忽已五十，坐卧只多少行立。强将笑语供主人，悲见生涯百忧集。入门依旧四壁空，老妻睹我颜色同。痴儿未知父子礼，叫怒索饭啼门东。"家徒四壁，日子寒苦，他也就只能自我解嘲了。

万里桥西一草堂，百花潭水即沧浪。

风含翠篠娟娟净，雨裛红蕖冉冉香。

厚禄故人书断绝，恒饥稚子色凄凉。

欲填沟壑唯疏放，自笑狂夫老更狂。

上元二年秋，杜甫前往地处蜀州的青城县。高适于头一年由彭州刺史移任蜀州刺史，杜甫写有《赴青城县出成都寄陶王二少尹》及《奉简高三十五使君》。其后，杜甫又前往唐兴，拜访了王明府（即县令），写有《重简王明府》。

在这些诗里，他写道："客情投异县，诗态忆吾曹。东郭沧江合，西山白雪高；行色秋将晚，交情老更亲。天涯喜相见，披豁对吾真；江云何夜尽，蜀雨几时干。行李须相问，穷愁岂有宽。"大概，是为了生计而前往这些地方。高适和王明府等人慷慨解囊，杜甫的生活才又有了着落。

这一年前后，关于诗文该质朴还是华丽的争论甚是激烈。魏晋六朝是中国文学由质朴趋向华彩的转变阶段。一些胸无定见的年轻文人走了极端，他们寻声逐影，竟要全盘否定六朝文学，并把攻击的目标指向庾信和初唐四杰。如何评价庾信和四杰，是当时诗坛上论争的焦点所在。这时期，杜甫创作了《戏为六绝句》，表达了自己的观点，对不知深浅的诗坛新贵给予前辈文人的嘲弄，进行了有力的回击和指斥。

庾信文章老更成，凌云健笔意纵横。
今人嗤点流传赋，不觉前贤畏后生。

王杨卢骆当时体，轻薄为文哂未休。
尔曹身与名俱灭，不废江河万古流。

不薄今人爱古人，清词丽句必为邻。
窃攀屈宋宜方驾，恐与齐梁作后尘。

上元二年，蜀中并不太平。六月，剑南东川发生叛乱，东川节度副使、梓州刺史段子璋在绵州袭击了节度使李奂，自称梁王。这年接替李若幽任西川节度使的崔光远，率领属将花敬定攻克绵州，斩杀段子璋，平复了叛乱。

花敬定自恃平叛有功，攻占绵州之后，大肆劫掠，他的部下甚至砍断妇女手腕以夺取其手镯。同时，花敬定的生活也是花天酒地、声色犬马。崔光远对其无可奈何，被肃宗遣监军官使按罪，忧愤成疾，于十月去世。在此背景上，杜甫作诗《戏作花卿歌》和《赠花卿》两首。后者颇具讽刺意味。

锦城丝管日纷纷，半入江风半入云。
此曲只应天上有，人间能得几回闻。

在封建社会里，礼仪制度极为严格，即使音乐，也有异常分明的等级界限。据《旧唐书》载，唐朝建立后，高祖李渊命太常少卿祖孝孙考订大唐雅乐："皇帝临轩，奏太和；王公入入，奏舒和；皇太子轩悬出入，奏承和……"

这些条分缕析的乐制都是当朝的成规定法，稍有违背，即是紊乱纲常，大逆不道。花敬定居功自傲，骄恣不法，放纵士卒大掠东蜀；又目无朝廷，僭用天子音乐。杜甫以此诗予以委婉的讽刺。

这年十二月，朝廷派严武为成都尹，兼剑南两川节度使。三年前，严武被贬为巴州刺史，后入京为太子宾客兼御史中丞。严武到成都之前，由高适暂为代理两川事宜。严武和高适，都是杜甫的至交。他们来到成都，对杜甫来说，是幸事亦是乐事。

那个冬天，高适在成都只停留了不足两月，却是杜甫草堂的常客。十几年前，他们同游梁宋，诗酒酬唱，甚是畅快。如今，在成都，在杜甫草堂，两人皆已苍老，情怀却依旧如初。

往往是高适携酒前来，尽兴而回。

尽管，杜甫并无好菜招待，高适也不介怀。

只是，倾谈之间，少了些快意，多了些感慨。

卧病荒郊远，通行小径难。故人能领客，携酒重相看。
自愧无鲑菜，空烦卸马鞍。移樽劝山简，头白恐风寒。

想必，对酌的时候，他们也会说起李白，那个风姿卓然的诗人。而此时，李白在安徽当涂养病。从前那些把酒高歌、纵意人间的日子，他也时常忆起，旷逸如他，也不免感叹人生匆忙。

忆起李白，杜甫很是伤感，写了首《不见》。

世人对李白总是多有指摘，说他狂傲，说他不羁，说他放旷。

但在杜甫心中，李白的才情与性情，都是举世无双。

他永远是那个天子呼来不上船的谪仙人。

不见李生久，佯狂真可哀。世人皆欲杀，吾意独怜才。
敏捷诗千首，飘零酒一杯。匡山读书处，头白好归来。

杜甫多希望，李白能来到成都，续写知交诗酒情谊。

很可惜，他的希望落空了。次年，李白就在当涂离世了。

情谊未曾冷去，人已是两不相知。

红尘相见，一别即是天涯。

## 此生那老蜀

光阴的屋檐下，人来人去，花谢花开。

走不出这世界，也就逃不开悲喜浮沉的变幻。

我们，既要容得下生命的缺憾，也要经得起世事的颠簸。

没有缺憾与颠簸，生命必然缺乏从容与厚重。

杜甫的生活，再次回归平静。宝应元年（762）初，严武来到成都，任成都尹兼两川节度使。显然，他与杜甫的交情，非之前的裴冕等人可比。可以说，只要他在成都尹任上，杜甫及其家小就绝不会遭受饥寒之苦。

事实上，严武能够给杜甫的，不只是生活方面的资助。他有吟风赏月的情怀，喜欢与文人雅士诗酒酬唱。他向来欣赏杜甫之才，如今身在成都，很快就成了草堂的常客，与杜甫把酒唱和，纵论世事风云。在成都，能够与杜甫诗酒往来的，寥寥无几。

那时候，严武时常带着几个亲信，来到浣花溪畔。卸下无味公务，他像个闲散之人，悄然前来，敲开草堂门扉。他知道杜甫贫寒，所以总是携酒而来。自然地，杜甫十分欢迎他的到访。杜甫在《严公仲夏枉驾草堂，兼携酒馔》一诗中，记录了严武到访以及他们浅酌低吟的场景。

竹里行厨洗玉盘，花边立马簇金鞍。

非关使者征求急，自识将军礼数宽。

百年地辟柴门迥，五月江深草阁寒。

看弄渔舟移白日，老农何有罄交欢。

不管怎样心忧天下，杜甫终究是个诗人。

茅舍竹篱，诗酒风月，与知交对饮闲谈，是极大的乐事。

偶尔，杜甫也会受严武之邀前往参加饮宴。一次，他去参加府尹厅宴会，观看了《蜀道画图》，即兴赋诗，题为《严公厅宴，同咏蜀道画图，得空字》。

日临公馆静，画满地图雄。剑阁星桥北，松州雪岭东。
华夷山不断，吴蜀水相通。兴与烟霞会，清樽幸不空。

偶尔，杜甫也会为严武出谋划策。从冬天到春天，数月没有雨雪，成都旱情严重。杜甫写了篇《说旱》，建议严武亲自讯问狱中囚犯，除了重犯，皆予以释放，以清空监狱。根据儒家传统，上天对官府的警告，表现为万物的失调。杜甫提醒严武，这场旱情可能是源于上天对司法紊乱的不满。

严武是否听从了杜甫的建议，不得而知。

知道的是，不久之后，成都普降甘霖。杜甫写诗表达了喜悦。

南国旱无雨，今朝江出云。入空才漠漠，洒迥已纷纷。
巢燕高飞尽，林花润色分。晚来声不绝，应得夜深闻。

这年春社日，杜甫出游，与田翁把酒闲谈，一位田翁对严武赞赏有加。杜甫写诗记载了此事，题为《遭田父泥饮美严中丞》。其中写道："感此气扬扬，须知风化首"，盛赞严武的爱民之心。

不论是否谬赞，他们的知交情谊是毋庸置疑的。

蓦然间，严武又在草堂门前了。又是一番浅酌低唱。

不知不觉已是夏天。这样清雅的日子，突然间画上了句号。

这年四月，玄宗离世。缔造了开元盛世的一代帝王，刹那间归了尘土。睿智也好，昏庸也罢，皆已作了云烟。似乎，在那个乱哄哄的年代里，他的离世并未掀起多少风尘。

倒是高力士做到了最后的忠诚。曾经，他权倾朝野，备受玄宗倚重，两年前被李辅国设计陷害，流放黔中道。这年三月遇大赦，在回长安的路上，听闻玄宗已驾崩，北望号啕痛哭，吐血而死。皇帝因他是耆宿长辈，曾护卫先帝，追赠扬州大都督，陪葬于泰陵。后来，因其忠诚，高力士被誉为"千古贤宦第一人"。

玄宗离世不足半月，肃宗也驾崩了。李豫继位，即唐代宗。七月，严武被召回京，入为太子宾客，迁京兆尹兼御史大夫，杜甫以诗相赠，即《奉送严公入朝十韵》。严武再受重用，让杜甫重新起了回长安的念头。

鼎湖瞻望远，象阙宪章新。四海犹多难，中原忆旧臣。

与时安反侧，自昔有经纶。感激张天步，从容静塞尘。

南图回羽翮，北极捧星辰。漏鼓还思昼，宫莺罢啭春。

空留玉帐术，愁杀锦城人。阁道通丹地，江潭隐白蘋。

此生那老蜀，不死会归秦。公若登台辅，临危莫爱身。

显然，与这个性情投合的朋友作别，杜甫很是不舍。

毕竟，天南地北，谁也不知道何时方能重逢。

此后，纵有清风明月，无人酬唱终是落寞。

杜甫一直将严武送至绵州，两人在绵州附近的奉济驿分手。临别，杜甫再次赠诗《奉济驿重送严公四韵》。落寞之情，溢于言表。或许，笑着挥手作别。回头的时候，已是老泪纵横。

远送从此别，青山空复情。几时杯重把，昨夜月同行。
列郡讴歌惜，三朝出入荣。江村独归处，寂寞养残生。

江村独归处，寂寞养残生。

明明是夏日，却分明满地凄清。

事实上，就连独归，也在突然间成了奢望。

严武刚离开成都，蜀中便发生了叛乱。剑南兵马使徐知道宣布自己为成都尹兼剑南节度使，并且勾结邛州兵占据西川，扼守剑阁，通往京城长安的道路因此阻塞，严武直到九月才抵达长安。八月，徐知道被其部将李忠厚所杀，叛乱才被平息。尽管如此，被叛军大肆劫掠后的成都城，比从前萧条了许多。

与此同时，外面的世界，大唐的河山仍在动荡。

上元二年（761 年）三月，叛军内讧，史思明为其子史朝义所杀，内部离心，屡为唐军所败。宝应元年（762 年）十月，代宗长子李适为兵马大元帅，统兵进军洛阳。

唐军与回纥军分兵夹击叛军，取得大胜，史朝义率轻骑数百向东逃走，唐军攻占洛阳城。骄横跋扈的回纥士兵在洛阳城里肆意杀掠，死者不计其数。几个月后，幸存者仅能以纸为衣。次年春，史朝义缢死，他的部将纷纷投降。

历时八年的安史之乱，终于结束了。

然而，这场动乱后，大唐江山已是满目疮痍。

无疑，那是一场空前的浩劫。《旧唐书·郭子仪传》载："宫室焚

烧，十不存一，百曹荒废，曾无尺椽。中间畿内，不满千户，井邑榛荆，
豺狼所号。既乏军储，又鲜人力。东至郑、汴，达于徐方，北自覃、怀，
经于相土，为人烟断绝，千里萧条。"

也就是说，整个黄河中下游，一片荒凉。

数以万计的百姓无家可归，只能四处流离。

就如杜甫诗中所写："我里百余家，世乱各东西。"

安史之乱后，藩镇割据出现并日渐强大，唐王朝再未重温盛世旧梦。
战争造成劳动力严重不足，统治阶级不得不增加税收，百姓所受压榨更
加深重，阶级矛盾日益尖锐，因此唐朝中叶屡有农民起义。

另外，经过安史之乱，唐王朝也失去了对周边地区少数民族的控制。
战乱时期，唐王朝将陇右、河西、朔方一带重兵皆调遣内地，造成边防空虚，
西边吐蕃人乘虚而入，尽得陇右、河西走廊。后来，唐王朝彻底失去了
西域安西北庭，从此内忧外患，朝不保夕。

蜀中发生叛乱，杜甫从绵州去到了梓州。秋天，他回到成都，将家
人也接到了梓州。听闻唐军收复黄河南北等地，写了首《闻官军收河南
河北》，掩不住的欣喜若狂。

剑外忽传收蓟北，初闻涕泪满衣裳。
却看妻子愁何在，漫卷诗书喜欲狂。
白日放歌须纵酒，青春作伴好还乡。
即从巴峡穿巫峡，便下襄阳向洛阳。

这首诗的末尾注云：余田园在东京。

没错，遥远的洛阳，是他最牵念的地方。

战乱之后，他心想着，许多亲属会回到洛阳。所以，他也有回归故地的愿望。他甚至在诗中描绘了归去的路线：沿涪水而下，转入嘉陵江，到达巴郡（重庆）；然后顺长江而下，过三峡，到达江陵；从这里北行到襄阳，再到南阳，最后到洛阳。不过，大概是因为缺乏旅费，并未成行。

此后，他将家人安顿在梓州，自己则游走于梓州、绵州、阆州等地，偶尔寻古访胜，偶尔携友同游。不过，大部分时间，他仍在为生计奔波。

广德元年（763）暮春时节，杜甫从梓州送朋友到绵州，又从绵州到汉州。他的老友房琯曾在汉州任刺史，但此时已被任命为刑部尚书，离开汉州去了长安。杜甫只好独自泛舟于房琯在汉州城西北开凿的房公湖，喝着酒，写几首诗，百无聊赖。

房相西亭鹅一群，眠沙泛浦白于云。

凤凰池上应回首，为报笼随王右军。

这首诗用了王羲之的典故。相传山阴有一位道士，很喜欢王羲之的书法，很想求王羲之为他写一本《黄庭经》。但王羲之声名远播，道士担心他不答应。后来，经多方打听，道士了解到王羲之平素非常喜欢鹅，就特地养了一群鹅，以便见机行动。

一天，王羲之坐船路过山阴，道士闻讯，把他那一群鹅赶到王羲之途经之地。王羲之见之，甚是喜爱，不舍得离开。于是，道士如愿以偿，以这群鹅换得了王羲之手书的《黄庭经》。这就是人们后来所说的"书成换白鹅"的故事。

杜甫喜欢鹅，也喜欢书法。所以，在湖上看到了房琯所养之鹅，心生怜爱，便自比王羲之，有以书换鹅的雅兴。品其诗意，仿佛在说：山阴道士，鹅已送我，千万别后悔。颇有得了便宜卖乖的意思。只可惜，房琯已然离去。书成换鹅，不过是杜甫的自娱自乐。

事实上，房琯走到阆州，便因病无法前行了，八月，死于僧舍。九月，杜甫去往阆州吊唁故友。他写了篇《祭故相国清河房公文》，对当年上疏救房琯触怒肃宗之事仍是耿耿于怀。他说："伏奏无成，终身愧耻。"

只不过，昔人已去，与这世界再无瓜葛。

回首之际，往事凋落，成了尘。

蓦然，了无声响。


## 嗜酒爱风竹，卜居必林泉

竹篱茅舍，古道天涯，不过一线之隔。

若能安坐其间，我们总会发现，这些都是风景。

素淡辽阔，恬淡苍凉，各有其美。关键，要有一颗看风景的心。

从宝应元年（762）秋至广德二年（764）春，杜甫一直往来于梓州、阆州、绵州等地。在唐代，绵州和梓州属剑南东道，阆州属山南西道，前者及涪城、射洪、通泉等县皆临近涪水，后者则被阆水（嘉陵江上游）环绕。这一带山水秀丽，景色宜人，杜甫虽是为避乱而游走各地，却也有流连佳景之时。

这段时间，他写了不少山水诗。虽不无寥落，却也常有风景这边独好的心情。比如，远水非无浪，他山自有春；比如，日出寒山外，江流宿雾中；比如，花远重重树，云轻处处山；比如，花浓春寺静，竹细野池幽。登绵州越王楼，过涪城香积寺官阁，他都有诗存世。

楼下长江百丈清，山头落日半轮明。
君王旧迹今人赏，转见千秋万古情。

寺下春江深不流，山腰官阁迥添愁。
含风翠壁孤云细，背日丹枫万木稠。
小院回廊春寂寂，浴兔飞鹭晚悠悠。
诸天合在藤萝外，昏黑应须到上头。

所有胜景幽境，归结为这样两句：一川何绮丽，尽目穷壮观。

而我们，则在那赏景之人开阔的胸怀里，读出了感叹。他说，"圣朝无弃物，老病已成翁"；他说，"多少残生事，飘零任转蓬"；他说，"飘零为客久，衰老羡君还"。

终究，飘零尘世，人如飞蓬。

风景再好，画面再美，他也只是个过客。

其实，世间的我们，谁不是如此？

蜀中叛乱平复后，广德元年初，高适任成都尹兼西川节度使，梓州刺史章彝兼东川节度使。章彝曾是严武下属，基于这层关系，他对杜甫很是照顾。对于携家眷漂泊的杜甫来说，这当然是好事。只是，杜甫不得不随章彝参加各种饮宴，或者外出游赏打猎，甚至还要陪他迎送来往客人。杜甫讨厌这些无聊的应酬，却也不好拒绝。受人恩惠，总要给施恩之人几分薄面。

这期间，杜甫写了不少陪宴和送别之诗，大都是应酬之作，索然无味。事实上，在绵州、阆州等地，与官府中人相处，杜甫也是同样遭遇。

他不喜欢随波逐流，更厌恶仰人鼻息，但是为了全家人衣食有着落，不得不勉强应付。某次饮宴后，他甚觉苦闷，在诗中写道：

> 常恐性坦率，失身为杯酒。近辞痛饮徒，折节万夫后。
> 昔如纵壑鱼，今如丧家狗。既无游方恋，行止复何有。

傲然如他，泠然如他，显然厌倦这样的生活。

可是，若非生活所迫，谁又愿意受制于他人呢？

很多时候，我们做不了生活的主。所谓，人在江湖，身不由己。

只能，在强颜欢笑之时，还能保持凌寒独自的心怀。

有时候，杜甫会远离官场纷扰，去到寂静之处，流连风景，凭吊先贤。他到梓州射洪县，寻访了陈子昂故居。陈子昂字伯玉，初唐诗文革新人物之一。因曾任右拾遗，后世称陈拾遗。青少年时轻财好施，慷慨任侠，二十四岁举进士，授麟台正字。后升右拾遗，直言敢谏。两次从军边塞，对边防颇有些远见。最后，被朝廷权臣武三思陷害，冤死狱中。他是杜甫祖父杜审言的好友。

依稀可见，悠悠天地间，仍有那个独自怆然的身影。

感慨着，叹息着，杜甫写诗遥寄远方的拾遗：

> 拾遗平昔居，大屋尚修椽。悠扬荒山日，惨澹故园烟。
> 位下曷足伤，所贵者圣贤。有才继骚雅，哲匠不比肩。
> 公生扬马后，名与日月悬。同游英俊人，多秉辅佐权。
> 彦昭超玉价，郭振起通泉。到今素壁滑，洒翰银钩连。
> 盛事会一时，此堂岂千年。终古立忠义，感遇有遗编。

其后，杜甫来到射洪以南六十里的通泉，凭吊郭元振。

郭元振出身进士，性情落拓不羁，喜好劫富济贫。武后闻其声名，将其召入洛阳，郭元振将自己所作的《宝剑篇》呈上，武则天大加赞赏，让学士李峤等人进行传阅，并任命他为右武卫铠曹参军，后又进封奉宸监丞。在担任凉州都督期间，郭元振加强边防，拓展疆域，大兴屯田，使凉州地区得以安定和发展，更兼任安西大都护。

唐睿宗继位后，郭元振历任太仆卿、吏部尚书，又加封兵部尚书、同中书门下三品，晋爵馆陶县男。唐玄宗开元初，郭元振再次拜相，并辅助唐玄宗诛杀太平公主，兼任御史大夫，进封代国公。杜甫对他颇为景仰，在《过郭代公故宅》中写道："壮公临事断，顾步涕横落。精魄凛如在，所历终萧索。高咏宝剑篇，神交付冥漠。"

在通泉县，杜甫还观赏了县署薛稷所留壁画。薛稷工书法，师承虞世南，与褚遂良、欧阳询、虞世南并列初唐四大书法家。善绘画，长于人物、佛像、树石、花鸟，尤精于画鹤。可惜无作品传世。杜甫诗云："少保有古风，得之陕郊篇。惜哉功名忤，但见书画传。"

那两年，杜甫也结交了若干朋友。

不过，大都只是刹那相逢，谈不上相知，更谈不上肝胆相照。

萍水相逢，尽是他乡之客。离别，难免感伤。

童稚情亲四十年，中间消息两茫然。

更为后会知何地，忽漫相逢是别筵。

不分桃花红胜锦，生憎柳絮白于绵。

剑南春色还无赖，触忤愁人到酒边。

漂泊久了，人总会有归去之心。

只是，山高水长，所谓归途，往往太遥远。

可以肯定的是，不论在何处，他总会想起成都的草堂，想起浣花溪畔的散淡日子。他写了首《寄题江外草堂》，清楚地记述了修建草堂的始末，以及不得已离开草堂的原委。甚至，他还始终惦念着草堂前的四棵小松树。因为眷恋，每逢朋友去成都，他都要嘱咐对方前去看看他的草堂。

我生性放诞，雅欲逃自然。嗜酒爱风竹，卜居必林泉。

遭乱到蜀江，卧疴遣所便。诛茅初一亩，广地方连延。

经营上元始，断手宝应年。敢谋土木丽，自觉面势坚。

台亭随高下，敞豁当清川。虽有会心侣，数能同钓船。

干戈未偃息，安得酣歌眠。蛟龙无定窟，黄鹄摩苍天。

古来达士流，宁受外物牵。顾惟鲁钝姿，岂识悔吝先。

偶携老妻去，惨澹凌风烟。事迹无固必，幽贞愧双全。

尚念四小松，蔓草易拘缠。霜骨不甚长，永为邻里怜。

对于杜甫来说，漂泊是常态，他早已习惯。不过有件事，让人觉得蹊跷。那就是，既然老友高适继任成都尹兼西川节度使，杜甫为何不回成都，而是始终四处游走。从广德元年秋杜甫的阆州之行，可以略见端倪。

这年七月，吐蕃攻陷陇右，又联络杂居陇右的吐谷浑、党项羌，越过陇山，九月攻陷泾州，十月攻陷邠州，继而进犯长安。朝廷无力抵挡，代宗在仓皇中逃往陕州，吐蕃占领长安，大肆劫掠，惨象堪比安史乱时。

同时，蜀郡西北部的松州、维州、保州等军事重镇被包围，高适难以抗衡，终于全部陷落。

九月，杜甫来到阆州，祭奠了故友房琯，又在阆州刺史处逗留数日，并为之代笔，起草了呈给皇帝的奏表《为阆州王使君进论巴蜀安危表》。在这份奏表里杜甫表达了自己对巴蜀军事战略的看法。

他说，巴蜀三镇已失陷，朝廷应派得力之人来驻守，派经验丰富的老臣来主持军政大计。另外他还说，应将东川与西川合并来管理。这样的建议，矛头直指高适，直言其御敌不力，并希望朝廷将其撤换。实际上，当时的人们也讥讽高适内战内行（他在担任淮南节度使的时候，曾率兵平定永王李璘之乱），外战外行。

或许，杜甫曾向高适提出建议，却未被采纳，两人因此有了隔阂。于是，杜甫宁愿漂泊各地，也不愿回成都。不过，这只是猜测，事情的真相无人知晓。

不久之后，杜甫收到家信，得知女儿生病，便回到了梓州。他在《发阆中》一诗中写道："女病妻忧归意速，秋花锦石谁复数。别家三月一得书，避地何时免愁苦。"

所幸，女儿并无大碍。杜甫又想起了他的草堂。于是派舍弟杜占前往成都照看草堂。至于杜占何时来到蜀中，我们不得而知。在他回成都之前，杜甫认真嘱咐：

久客应吾道，相随独尔来。孰知江路近，频为草堂回。
鹅鸭宜长数，柴荆莫浪开。东林竹影薄，腊月更须裁。

对杜甫，对我们，成都草堂都是个诗意的所在。

这里，没有洛阳的热闹，没有长安的繁华。

却存放着一段轻描淡写的日子。

## 第六卷：夔城迟暮

一蓑烟雨，万里风尘。

终于，我们将自己走成了天涯。

路过的人们一如我们自己，无声感叹：岁月无岸，行者无疆。

### 重回草堂

一个人的修行。一个人的风尘路。一个人的地老天荒。

人生，其实不过如此。一个人，从寂静到寂静，辗转飘零。

逢山过水，沐雨栉风。我们以流浪的姿态，遇见风景，也被风景遇见；经过道路，也被道路经过。多年以后，蓦然回首，所有的风景与道路，于灯火明灭之间，化成了岁月的痕迹，叫作沧海桑田。经历了世事沧桑，我们都应该成为那个与众不同的自己。

杜甫还在路上。每一步，都像是天涯。

幸好，生命足够丰盛，经得起苦楚和寂寞。

对于吐蕃的进犯，家国黎民所受之苦难，杜甫从未停止忧心。他写了不少诗，诸如《述古三首》《有感五首》《警急》《王命》《西山三首》《征夫》等等。他说，"白骨新交战，云台旧拓边。乘槎断消息，无处觅张骞"；他说，"莫取金汤固，长令宇宙新。不过行俭德，盗贼本王臣"；他说，"领郡辄无色，之官皆有词。愿闻哀痛诏，端拱问疮痍"；他说，"十室几人在，千山空自多"。

广德二年（764）初，杜甫写了《伤春五首》。

长安失陷，河山飘摇，他忧心如煎。

再有朝廷乱，难知消息真。近传王在洛，复道使归秦。
夺马悲公主，登车泣贵嫔。萧关迷北上，沧海欲东巡。
敢料安危体，犹多老大臣。岂无嵇绍血，沾洒属车尘。

闻说初东幸，孤儿却走多。难分太仓粟，竟弃鲁阳戈。
胡虏登前殿，王公出御河。得无中夜舞，谁忆大风歌。
春色生烽燧，幽人泣薜萝。君臣重修德，犹足见时和。

日月还相斗，星辰屡合围。不成诛执法，焉得变危机。
大角缠兵气，钩陈出帝畿。烟尘昏御道，耆旧把天衣。
行在诸军阙，来朝大将稀。贤多隐屠钓，王肯载同归。

在这些诗里，有对吐蕃人挑起兵戈的谴责，有对朝廷羸弱无能的悲哀，有对百姓流离失所的痛心。当然，还有他对抵御入侵力挽狂澜的建议。可惜，河山万里，一片狼藉，他即使声嘶力竭，终是无人听见。

那年初，本已处于半隐状态的郭子仪再度出山，收拢大唐军队，以智取胜，将吐蕃军队逐出了长安。不久之后，代宗还朝，郭子仪到浐水迎接。代宗羞愧地说："用卿不早，故及于此。"不过，在杜甫写《伤春五首》的时候，这些消息尚未传至蜀中。

想必是由于严武或者杜甫其他朋友的力荐，广德二年春，朝廷召杜甫为京兆功曹。不过，杜甫并未前往赴任，尽管京兆功曹的品阶高于他从前所任官职。大概，朝廷的昏暗和软弱，使杜甫太失望。反正，他不愿去长安，而是计划乘舟东下。那段时间，他写了两首《忆昔》。

忆昔先皇巡朔方，千乘万骑入咸阳。阴山骄子汗血马，长驱东胡胡走藏。邺城反覆不足怪，关中小儿坏纪纲，张后不乐上为忙。至今今上犹拨乱，劳身焦思补四方。我昔近侍叨奉引，出兵整肃不可当。为留猛士守未央，致使岐雍防西羌。犬戎直来坐御林，百官跣足随天王。愿见北地傅介子，老儒不用尚书郎。

忆昔开元全盛日，小邑犹藏万家室。稻米流脂粟米白，公私仓廪俱丰实。九州道路无豺虎，远行不劳吉日出。齐纨鲁缟车班班，男耕女桑不相失。宫中圣人奏云门，天下朋友皆胶漆。百余年间未灾变，叔孙礼乐萧何律。岂闻一绢直万钱，有田种谷今流血。洛阳宫殿烧焚尽，宗庙新除狐兔穴。伤心不忍问耆旧，复恐初从乱离说。小臣鲁钝无所能，朝廷记识蒙禄秩。周宣中兴望我皇，洒血江汉身衰疾。

从前，河清海晏，八方来朝。

而如今，江山动荡，干戈不休，生灵涂炭。

不过数十年，开元盛世便已凋谢，只剩满地尘埃。

　　杜甫希望，天子能够重拾雄心壮志，中兴大唐，抚慰黎民。如此，对他所坐拥的万里河山，和屡遭战乱侵凌的黎民，才算有个交代。然而，看上去，大唐中兴，遥遥无期。盛世光阴，毕竟是远去了。长安，早已不是从前那个明媚的地方。

　　在《奉寄别马巴州》中，他这样写道："勋业终归马伏波，功曹非复汉萧何。扁舟系缆沙边久，南国浮云水上多。独把鱼竿终远去，难随鸟翼一相过。"

　　终究，浮利虚名，抵不上一棹云水。

　　五湖烟水，千里烟波。印象中，诗人就应身在此间。

　　他们的真性情，都不应磨折在乌烟瘴气、鬼蜮横行的地方。

　　只是，对杜甫来说，山水扁舟虽好，却只能寄存闲情。他的夙愿，他的慈悲，都让他不能心安理得地纵情山光水色。不过，这个春天，他的确是将妻子儿女带到了阆州，打算从阆水入嘉陵江，至渝州东下。

　　然而，这个计划并未实施。还未出发，杜甫就获悉，严武再度被任命为成都尹兼剑南东西两川节度使。由此时他所写《奉待严大夫》一诗可知，的确是严武即将回蜀中的消息使他取消了计划。

殊方又喜故人来，重镇还须济世才。
常怪偏裨终日待，不知旌节隔年回。
欲辞巴徼啼莺合，远下荆门去鹢催。
身老时危思会面，一生襟抱向谁开。

　　故人重来，杜甫喜不自胜。

　　由首联下句可知，严武是他心目中镇守蜀中的最佳人选。

也可见，他对于高适御敌无策颇有微词。不管怎样，在各地漂泊许久，杜甫又带着妻儿回到了成都。离开阆州之前，他也没忘记前往房琯墓前，与长眠于此的老友作别。

暮春，草堂以丛生的荒草，迎接了兴冲冲归来的杜甫。

那也无妨，诗人归来，春天便是真的春天。

草堂，也是我们熟悉的那个草堂。

流水断桥芳草，淡云微雨养花。扫去了尘埃和枯枝败叶，又仔细修整一番，沉寂许久的草堂，又恢复了往日的疏朗清淡。忙碌结束，和煦的春风里，杜甫坐了下来，一杯茶，一卷书，怡然自得，恍如从前。他写了《春归》，满纸惬意。

苔径临江竹，茅檐覆地花。别来频甲子，倏忽又春华。

倚杖看孤石，倾壶就浅沙。远鸥浮水静，轻燕受风斜。

世路虽多梗，吾生亦有涯。此身醒复醉，乘兴即为家。

不过，虽重拾闲逸，杜甫仍关注着蜀中局势。

他写了首《草堂》，对好友严武提出忠告，言辞沉痛而恳切。

这首诗很长，以草堂去来始末为线，前半篇追叙成都遭受徐知道叛乱的情况，希望严武注意国家的治乱，以及人心向背；后半篇则劝告严武居安思危，个人成败事小，蜀中安危事大。

在痛愤之余，结撰至思，向严武表明了"饮啄愧残生，食薇不敢余"的态度。同时，又通过初乱的回忆，提示了若干值得严武思考的问题，目的都在促使严武猛醒，去其所短，用其所长，还蜀地以太平安稳。

昔我去草堂，蛮夷塞成都。今我归草堂，成都适无虞。
请陈初乱时，反复乃须臾。大将赴朝廷，群小起异图。
中宵斩白马，盟歃气已粗。西取邛南兵，北断剑阁隅。
布衣数十人，亦拥专城居。其势不两大，始闻蕃汉殊。
……

不忍竟舍此，复来薙榛芜。入门四松在，步屧万竹疏。
旧犬喜我归，低徊入衣裾。邻舍喜我归，酤酒携胡芦。
大官喜我来，遣骑问所须。城郭喜我来，宾客隘村墟。
天下尚未宁，健儿胜腐儒。飘摇风尘际，何地置老夫。
于时见疣赘，骨髓幸未枯。饮啄愧残生，食薇不敢余。

严武这个人，史书评价并不高。《旧唐书》对他颇多指摘。比如，"前后在蜀累年，肆志逞欲，恣行猛政"。比如，"性本狂荡，视事多率胸臆"。再比如，"穷奢极靡，赏赐无度，蜀方闾里，以征敛殆至匮竭"。

这些，杜甫都是知道的。但他是率真之人，总会言其所想，对严武微言相劝。他很清楚，严武骄倨，多言未必见纳。但既然是好友，便要尽朋友本分。想必，他对严武不乏逆耳之言语，后者也定会为之不悦。

不过，这些事并不影响他们把酒草堂。

闲时，两川节度使仍会携酒前来，与那贫寒诗人对酌。

他们之间，没有高低贵贱，没有世俗庸常。

只有，一帘月，一窗风。醉意蒙眬。

## 强移栖息一枝安

两只黄鹂鸣翠柳，一行白鹭上青天。

窗含西岭千秋雪，门泊东吴万里船。

这个春天，杜甫寻回了闲趣。日子如旧，时光如诗。

属于草堂的日子，该是如此。戴叔伦有首诗《暮春感怀》："四十无闻懒慢身，放情丘壑任天真。悠悠往事杯中物，赫赫时名扇外尘。短策看云松寺晚，疏帘听雨草堂春。山花水鸟皆知己，百遍相过不厌贫。"

其中的散淡悠闲，正是此时的杜甫所拥有的。

看云听雨，煮酒写诗。世俗名利之事，皆不入怀。

人们往往是这样，忙碌之时，疲于承受生活之重；闲暇之时，又总落得空虚无味。其实，日子要有趣味，首先心中要有风景。心有渔舟，处处皆是平湖。倘若真有闲时无处打发，不妨温一壶茶，读一本书。或者，倚着窗听风看云，也是别有滋味。

不过，杜甫毕竟心存家国社稷，生活虽然散淡无尘，他还是不愿独善其身。那年月，边境依旧纷乱，朝廷内外交困，蜀中还有大片土地被吐蕃占据着，他无法让自己只沉醉于云山诗酒。某天，登楼凭眺，见无边春色，想到万方多难，浮云变幻，不免伤心感喟。于是，赋诗《登楼》。

花近高楼伤客心，万方多难此登临。

锦江春色来天地，玉垒浮云变古今。

北极朝廷终不改，西山寇盗莫相侵。

可怜后主还祠庙，日暮聊为梁甫吟。

尾联咏怀古迹，讽喻当朝天子，寄托个人怀抱。

伫立高楼，徘徊沉吟。苍茫的暮色中，城南先主庙、后主祠依稀可见。远方的万里河山，在暮色中凄迷而动荡。唐代宗李豫重用宦官程元振、鱼朝恩，造成国事维艰、吐蕃入侵的局面，与刘禅亡国极其相似。如今的大唐，没有诸葛亮那样的贤相，只有庸碌无为的天子朝臣。杜甫空怀济世之心，苦无献身之路，万里他乡，高楼落日，忧虑满怀，也只能靠吟诗聊以自遣。

对于朝廷，对于皇帝，他很是失望。

但他又相信，无论怎样风雨飘摇，大唐王朝终会屹立如山。

广德二年（764）六月，经由严武奏请，朝廷授予杜甫节度使署中参谋、检校工部员外郎，赐绯鱼袋。也就是说，此时的杜甫，不仅是剑南节度使的幕僚，还是朝廷的检校工部员外郎，为六品官职；至于绯鱼袋，则是一种荣誉勋章。这年七月，代宗下令"税天下地亩青苗钱，给百官俸禄"。检校工部员外郎虽为虚衔，但因为严武的关系，杜甫所得俸禄绝不微薄。

作为幕僚，杜甫尽其所能，关于蜀中建设，关于征讨吐蕃，给严武提了不少建议。比如，上任之初，他写了篇《东西两川说》，指出了此前军事失利的原因，以及改进之法。

七月，严武率兵西征。九月，破吐蕃七万余众，拿下了当狗城（四川理县西南），十月又拿下盐川城（甘肃漳县西北）。同时遣汉川刺史崔旰（即崔宁）在西山追击吐蕃，拓地数百里，与郭子仪在秦陇一带主力战相配合，终于击退了吐蕃的大举入侵，保卫了西南边疆。征战途中，严武写下了记述这次战争的《军城早秋》一诗："昨夜秋风入汉关，朔云边月满西山。更催飞将追骄虏，莫遣沙场匹马还。"

跃马关山，饮血天涯，这就是严武。

但是，在杜甫草堂，他又是个温文尔雅的儒士。

每个人的心底，总有个温暖之处，一隅花开，满城春色。

兵戈止息，严武回到了成都。现在，由于杜甫为幕僚，严武无须前往草堂。他们就在幕中，煮酒围炉，吟诗论文，偶尔纵论天下，偶尔闲话古今，仍是畅快淋漓。

尽管如此，杜甫还是渐渐厌倦了幕府的生活。首先，作息单调，生活呆板，每日清晨便入府办公，夜晚才能结束，与草堂闲悠的日子相比，这实在太过乏味；其次，幕府人事驳杂，虽不似朝廷那样血雨腥风，却也是暗流涌动，少不了尔虞我诈。心性单纯的杜甫，勉力周旋其间，颇显捉襟见肘。幕府里的其他幕僚，大概是出于嫉妒和猜疑，对他并不友好。可以肯定，他过得并不愉快。

当然，杜甫与同僚相处不恰，也有其自身原因。

他虽有旷世之才，却也因此心高气傲。而且，据史书所载，杜甫性情狭隘急躁，为许多人所指摘。比如，《旧唐书》说他"甫性褊躁，无器度，恃恩放恣"。《新唐书》也说他"褊躁傲诞"。此外，《新唐书·杜甫传》还说他"旷放不自检，好论天下大事，高而不切"。也就是生活上不拘小节，好论天下大事，却往往大而无当。

说到底，他只是个诗人。生活中的横平竖直，人际关系中的真假虚实，他并不能如那些惯于逢迎机巧的人，游刃有余地应付。事实上，正好相反，他处理得率直而简单。与至交好友相处，这样无可厚非。但在官场，在世俗的经纬里，这样难免被人嘲讽和疏离。

他在《赤霄行》中说："丈夫垂名动万年，记忆细故非高贤。"似乎是在申明不争好恶，但胸中分明有难以道出的苦闷。在他的《莫相疑行》一诗中，对幕府里互相猜疑和攻击的实情有所提及，也表达了自己的无奈，他说："晚将末契托年少，当面输心背面笑。寄谢悠悠世上儿，不争好恶莫相疑。"在此类诗中，格调最悲哀的莫过于《宿府》：

清秋幕府井梧寒，独宿江城蜡炬残。
永夜角声悲自语，中天月色好谁看。
风尘荏苒音书绝，关塞萧条行路难。
已忍伶俜十年事，强移栖息一枝安。

秋风四起，梧桐叶落。

月下的人间，早已不是从前的模样。

十年风尘零落，终有栖身之所，却何尝不是另一种漂泊。

夜深，思量前尘往事，叹息声沦落在秋风里，无人听见。

另外，案牍劳形，杜甫的身体越来越难以支撑。以前他除了疟疾，还患过肺病，此时又添风痹之症，坐得久了，四肢便会感到麻痹。在《遣闷奉呈严公二十韵》中，他称述了自己年老体弱，又不能妥善处理与同僚的关系，表达了离开幕府、回归田园生活的愿望。

白水鱼竿客，清秋鹤发翁。胡为来幕下，只合在舟中。
黄卷真如律，青袍也自公。老妻忧坐痹，幼女问头风。
平地专欹倒，分曹失异同。礼甘衰力就，义忝上官通。
畴昔论诗早，光辉仗钺雄。宽容存性拙，剪拂念途穷。
露裛思藤架，烟霏想桂丛。信然龟触网，直作鸟窥笼。
西岭纡村北，南江绕舍东。竹皮寒旧翠，椒实雨新红。
浪簸船应坼，杯干瓮即空。藩篱生野径，斤斧任樵童。

来缚酬知己，蹉跎效小忠。周防期稍稍，太简遂匆匆。

晓入朱扉启，昏归画角终。不成寻别业，未敢息微躬。

乌鹊愁银汉，鸳鸯怕锦幪。会希全物色，时放倚梧桐。

深秋，弟弟杜颖从齐州前来探望，几日后离开了成都。

杜甫为之送别，写了《送舍弟颖赴齐州三首》，十分伤感。

他说，"此行何日到，送汝万行啼。绝域惟高枕，清风独杖藜"；他说，"风尘暗不开，汝去几时来。兄弟分离苦，形容老病催"；他说，"短衣防战地，匹马逐秋风。莫作俱流落，长瞻碣石鸿"。

从广德二年冬天开始，杜甫数次请求严武，希望卸下幕僚之职，回到草堂闲散度日。终于，次年正月，严武答应了他的请求。辞别幕府，除了生活环境让杜甫觉得很不舒畅，还有个原因，就是他与严武之间也渐渐不似以前那样斜风细雨了。

从前，他们是诗文之友，但是入幕以后，严武为长官，杜甫为下属，这与杜甫辅君济世的理想相去甚远。傲岸如他，心里绝不会平静如水。事实上，杜甫在《正月三日归溪上有作，简院内诸公》一诗中写道："白头驱幕府，深觉负平生。"

而且，虽然在严武的荫庇下，他的生活无风无雨，他对严武的能力也很是欣赏，但严武这个人骄纵奢靡，平定吐蕃后又在蜀中横征暴敛，杜甫对此颇有微词。渐渐地，严武开始厌烦他的意见，他们之间便有了隔阂。

甚至，有传言说，严武曾有过杀掉杜甫的想法。

大概情节是：某天，两人喝得烂醉，杜甫指着严武的鼻子说道："严挺之乃有此儿。"意思是，你不就是那个严挺之的儿子吗？严武很生气，同样说道："杜审言乃有此孙。"两人如此直呼对方长辈名讳，虽是酒后失态，却也可以说，是平日积累的不满。反正，因为这件事，严武始终不能释怀，最终有了除掉杜甫的打算。

据《新唐书》记载，那天之后，两人虽然重归于好，严武终是怀恨在心，决定杀掉杜甫。幸好，严武的母亲发现端倪，派人知会了杜甫。杜甫闻讯，买舟离开了成都。显然，这是附会之说，有明显谬误。

他们之间渐渐不睦，甚至有过冲突，都是很有可能的，但杜甫是在严武病故以后才离开成都的。而且，无论是严武生前还是死后，在杜甫的诗里，对他满是感激和尊重。他们之间纵有不和，也不至于有太深的矛盾。

不管怎样，杜甫辞去了幕僚之职。

回到草堂，修葺了竹篱茅舍，拾起了酒盏茶盅。

他将苍老的自己，再次交给了明媚的春天。


## 独步诗名在，只令故旧伤

人总要经历许多事情，才会明白生活的真相。

然后，学会简单，学会淡然，清茗淡酒，对饮浮生。

入仕与隐逸之间，杜甫一直在痛苦地徘徊。前者属于信念，后者属于性情。可以肯定的是，这傲然的诗人，不愿被束缚在低微的职位和琐碎的事务中。他要做的，是管仲、诸葛亮那样的贤相，辅弼天下，造福苍生。

可惜，生不逢时，未得朝廷重用。严武欣赏并敬重他，却也只能给他讨个虚衔，将他安置在幕府，免受生计之累。但他终于还是厌倦了，那不是他想要的人生。有人说他好高骛远，有人说他恃才而骄，反正，他离开了幕府，回到了草堂。浣花溪畔，有最真实的杜甫。

苏轼有首《行香子》，很符合杜甫此时的心境。

清夜无尘。月色如银。酒斟时、须满十分。
浮名浮利，虚苦劳神。叹隙中驹，石中火，梦中身。
虽抱文章，开口谁亲。且陶陶、乐尽天真。
几时归去，作个闲人。对一张琴，一壶酒，一溪云。

兴许，于诗人，听琴煮酒，看云听雨，才叫生活。
山水草木，陶然皆是知己；浮沉聚散，心安即为故里。
几分闲心，几分醉意，杜甫的生活，该是如此。
当然，他若是醉心山水风月，无视人间悲欢离合，也就不是我们熟悉的杜甫了。他是个诗人，却是个生具仁者心怀的诗人。醉卧花间，行吟山水，心里往往还惦记着世事沧桑和民生哀乐。有悲伤，有喜悦，有诗酒情意，有慈悲心肠，才是完整的杜甫。
辞去幕府工作，杜甫颇有解脱之感。他的诗，也明朗了许多。
他写了《春日江村五首》，怡然之情尽在其中。

农务村村急，春流岸岸深。乾坤万里眼，时序百年心。
茅屋还堪赋，桃源自可寻。艰难贱生理，飘泊到如今。

迢递来三蜀，蹉跎有六年。客身逢故旧，发兴自林泉。

过懒从衣结，频游任履穿。藩篱无限景，恣意买江天。

种竹交加翠，栽桃烂熳红。经心石镜月，到面雪山风。
赤管随王命，银章付老翁。岂知牙齿落，名站荐贤中。

某天，杜甫偶然间翻阅旧诗稿，看到了上一年写的两首诗。

那次，太子舍人张某自西北而来，赠他一领毛毯，上有精美刺绣，显然值不菲。杜甫将这件赠品接到手中，端详许久，终觉得此等物品不是他这样的贫寒之人所能享用的，于是郑重收起，退还给了对方，并写诗记录，题为《太子张舍人遗织成褥段》。他说，"叹息当路子，干戈尚纵横。掌握有权柄，衣马自肥轻"；他还说，"奈何田舍翁，受此厚贶情。锦鲸卷还客，始觉心和平"。

很多人认为，这首诗其实是写给严武看的。据《钱注杜诗》所言："武累年在蜀，肆志逞欲，恣行猛政，穷极奢靡，赏赐无度。公在武幕下，作此讽喻，朋友责善之道也。"不论真假，由这件事足可见杜甫风骨。

那次，在成都城里，他偶遇画家曹霸。曹霸是唐玄宗时期画家，能文善画，时人甚至以其祖先"三曹"比之，有"文如植，武如操，字画抵丕风流"之美誉。早年学书，师法王羲之、卫夫人等，擅画马，天宝年间曾画"御马"，笔墨沉着，神采生动。

安史之乱后，曹霸四处漂泊，甚是落魄。从前，他在南薰殿里修补凌烟阁功臣画像，多年后只能描摹寻常百姓，生活清苦，还备受俗世冷落。杜甫同情其遭遇，写诗相赠，题为《丹青引赠曹将军霸》。结尾写道：

将军画善盖有神，必逢佳士亦写真。

即今漂泊干戈际，屡貌寻常行路人。

途穷反遭俗眼白，世上未有如公贫。

但看古来盛名下，终日坎壈缠其身。

看到最后两句，杜甫沉默了。

盛名之下，也终是荆棘遍地，荒草丛生。

如此，倒不如做个闲人，一壶酒，一溪云，清简度日。

清贫也好，富贵也好，最难得是心安。

永泰元年（765）四月，严武突发重病，不久后即不治而逝，时年四十岁。死后，他被追赠尚书左仆射，又因军功被封郑国公。这样，杜甫在成都彻底失去了凭靠，本想过一段清闲日子，又不得不改变初衷。

生活就是这样，总让人猝不及防。

茶香与酒意，清淡和悠然，刹那间便能被吹散，只剩尘埃满目。

际遇无常，我们终需一颗平常心，来沉淀，来消释，来包容。

尽管，严武去世后，杜甫并没有立即写诗表示悼念，但是后来他写了《八哀诗》，伤悼李光弼、汝阳王李琎、李邕、张九龄等贤才，其中一首就是哀悼严武的，题为《赠左仆射郑国公严公武》，既有对其生平的概述，也有对其能力和功绩的赞扬，甚至将他比作诸葛亮，这样盛赞：
"公来雪山重，公去雪山轻。"

阅书百纸尽，落笔四座惊。历职匪父任，嫉邪常力争。

汉仪尚整肃，胡骑忽纵横。飞传自河陇，逢人问公卿。

不知万乘出，雪涕风悲鸣。受词剑阁道，谒帝萧关城。

寂寞云台仗，飘飖沙塞旌。江山少使者，笳鼓凝皇情。

壮士血相视，忠臣气不平。密论贞观体，挥发岐阳征。

感激动四极，联翩收二京。西郊牛酒再，原庙丹青明。

匡汲俄宠辱，卫霍竟哀荣。四登会府地，三掌华阳兵。

京兆空柳色，尚书无履声。群乌自朝夕，白马休横行。

诸葛蜀人爱，文翁儒化成。公来雪山重，公去雪山轻。

总的来说，杜甫与严武的情谊，算是有始有终。

虽然因性情不同、思想各异，以及处事方式的差别，他们之间有过分歧和矛盾，但在那样的乱世，严武无疑是杜甫最可靠的朋友。他给杜甫的，除了诗酒快意，更有实实在在的生活支撑。可以说，有严武照拂，杜甫就不必为生存而担忧。

可是现在，严武去世了，杜甫悲不自胜。实际上，那几年，杜甫的悲伤从未停歇。他的至交好友，那些曾与他把酒酬唱的人们陆续辞世，他的精神世界越来越凄凉。

上元二年（761），王维辞世。

宝应元年（762），李白于当涂病逝。

广德元年（763），房琯病故于阆州。

广德二年（764），郑虔死于台州，苏源明死于长安。

永泰元年（765），正月高适离世，四月严武离世。

当然，同样默然离世的，还有杜甫最想辅佐的，那个励精图治，将大唐王朝带入开元盛世的唐玄宗，以及其子唐肃宗李亨。现在，这些人都去了。天子去了，诗人去了，就仿佛，突然之间，整个世界荒芜了。

皇帝的庄严与恢宏不见了，诗人的风流与潇洒不见了。

放眼望去，整个大唐，上至朝廷，下至山野，只剩一片凌乱。

日光如常照临万物，人间却已不是从前的人间。

那个属于诗的时代，至少在这一时期，几乎是黯淡的。盛唐的诗人们相继离去，吟风弄月的人虽然依旧不少，却无人能够擎得起江山风月。

白居易、韩愈、刘禹锡、柳宗元、贾岛、李贺，这些名震中唐的诗人尚未出生。十五岁的孟郊，还在憧憬未来。三十四岁的戴叔伦，诗虽素净，人亦散淡，终究落得寂寞。

二十九岁的韦应物，时为洛阳丞，为官清正，但其诗才未能点亮中唐初期的风雅。尽管，他也不乏"春潮带雨晚来急，野渡无人舟自横"这样的妙句；尽管，因其仁者胸怀，沈德潜评论他的诗说不负心语。

开元盛世，和属于他的大多数诗人，都凋谢了。

一段无比丰盛的时光，在那场战乱后彻底成了回忆。

而杜甫，在草堂的初夏，回忆着旧时光。

他缅怀郑虔和苏源明，写诗说："故旧谁怜我，平生郑与苏。存亡不重见，丧乱独前途。豪俊何人在，文章扫地无。"他缅怀高适，写诗说："独步诗名在，只令故旧伤。"

那些年，那些事，既清晰又模糊。洛阳的轻裘快马，梁宋的诗酒流连，长安的彷徨寂寞，陇右的颠沛流离，那些或明丽或黯淡的往事，渐渐漫溢，成了夏日的感伤。

然后，掩上回忆。草堂岁月，也已到了尽头。

竹径茅庐，此后经过的，怕是只有路人。

事实上，他已开始收拾行囊了。

## 移居夔州城

人说，李白不曾老去，杜甫从未年轻。

此话不无道理。前者不食人间烟火，后者直面世事沧桑。

天生的沉稳内敛，岁月的崎岖多蹇，让杜甫成了我们印象中那个沉默而清癯的诗人。满目的风尘寥落，满纸的悲苦哀伤，这就是他。人生本已萧索，还必须以慈悲之心，关照天地，怜悯众生，这样的杜甫，实在难以如李白那样，保持快意江湖模样。

对杜甫来说，草堂数年是难得的安逸时光。

但是现在，他不得不与草堂道别。

这里，一山一水，一草一木，他都眷恋。却只能留给从前，和路过的人们。这其中，就有那个叫薛涛的女诗人。浣花溪畔，不乏诗意。但杜甫一去，再未回来。

草堂固然春秋无恙，但在杜甫心里，这里只是个暂时的栖身之地。五十四岁的他，虽然对朝廷非常失望，却并未放弃理想。显然，对于心存天下的杜甫来说，成都的安逸，草堂的悠闲，都不足以安放他的凤愿。实际上，若不是严武重回成都任职，广德二年初他已经离开蜀中了。

永泰元年（765）五月，杜甫携家小离开成都乘舟东下，经嘉州、戎州、渝州，半月后抵达忠州（四川忠县）。忠州刺史是杜甫的亲戚，不过，他给杜甫的，只有一场欢迎的晚宴。其后，杜甫全家寄宿在江边的龙兴寺两月有余，刺史大人几乎不曾过问。

九月，杜甫一家来到了隶属夔州的云安（四川云阳）。大概是由于舟车劳顿，杜甫旧病复发，肺病和风痹同时发作，只好在此停留以休养身体。这一停留，就是半年。他们住在租来的房子里，从秋天到春天。

十二月初一，杜甫写了三首诗，尽是异乡飘零之感。

今朝腊月春意动，云安县前江可怜。

一声何处送书雁，百丈谁家上水船。

未将梅蕊惊愁眼，要取楸花媚远天。

明光起草人所羡，肺病几时朝日边。


即看燕子入山扉，岂有黄鹂历翠微。

短短桃花临水岸，轻轻柳絮点人衣。

春来准拟开怀久，老去亲知见面稀。

他日一杯难强进，重嗟筋力故山违。

零落异地，疾病缠身，心里的滋味可想而知。

即使是花开陌上的日子，杜甫的心绪也并未清朗起来。

萋萋芳草，映照着市井百姓的生活。盛世远去，日子还在继续。所有人都必须在断壁残垣里，寻得生活的勇气。草长莺飞时节，遍地春意盎然。但永泰二年的春天，杜甫所能感受的，却是凄凉。杜鹃声声入耳，是啼血之音。他写了《客居》，大有"等是有家归未得，杜鹃休向耳边啼"的况味。

客居所居堂，前江后山根。下堑万寻岸，苍涛郁飞翻。

葱青众木梢，邪竖杂石痕。子规昼夜啼，壮士敛精魂。

峡开四千里，水合数百源。人虎相半居，相伤终两存。

……

览物想故国，十年别荒村。日暮归几翼，北林空自昏。

安得覆八溟，为君洗乾坤。稷契易为力，犬戎何足吞。

儒生老无成，臣子忧四番。箧中有旧笔，情至时复援。

严武故去后，郭英乂继任成都尹兼剑南西川节度使，因其骄纵跋扈，严武旧日部下汉州刺史崔旰于永泰元年十月率兵反叛。郭英乂败走简州（简阳），被普州（安岳）刺史韩澄所杀。其后，邛州（邛崃）牙将柏茂琳、泸州（泸县）牙将杨子琳、剑州（剑阁）牙将李昌嶅联合攻击崔旰，剑南局势大乱。杜甫在云安闻讯，既震惊又心痛。他知道，战乱一起，苍生必然罹祸。他写了三首绝句，声讨战乱，体恤百姓。

大历元年（766）暮春，杜甫和家人离开云安，来到了夔州（四川奉节）。夔州城雄踞瞿塘峡口，形势险要，历来是川东军事重镇、兵家必争之地。在唐代，夔州属山南东道，设有都督府，州治在鱼复浦和西陵峡之间、瞿塘峡附近，与白帝城相接，在如今奉节县城东十余里的地方。

从大历元年暮春到大历三年早春，杜甫在夔州住了近两年，写了四百余首诗，虽然数度搬迁，生活却并不艰难。初至夔州，他写有《移居夔州城》：

伏枕云安县，迁居白帝城。春知催柳别，江与放船清。

农事闻人说，山光见鸟情。禹功饶断石，且就土微平。

起先，他们寄居山间客堂，杜甫参加了一次在白帝城头的越公堂举行的宴会，并留有诗篇。不久后，杜甫携家人移居城内西阁。那年秋天，柏茂琳出任夔州都督，对杜甫照顾有加。夔州城东的东瀼溪两岸有公田百顷，据说公孙述曾在这里屯田，因此称作东屯，因柏茂琳帮助，杜甫在这里租得若干公田耕种。

大历二年（767）初春，他又搬到了城东的赤甲山。三月，杜甫获柏茂琳所赠瀼西四十亩柑林，便又迁居瀼西茅舍。秋天，他再回东屯，直到离开夔州。移居若干次，或许仅仅是为了生活之便。他在《夔州歌》里写道："瀼东瀼西一万家，江南江北春冬花。"因有柏茂琳照拂，杜甫在夔州的日子可谓滋润。

杜甫最初所居之客堂，是在山坡修建的简陋房舍，居民必须用竹筒引来山泉水以供饮用。夔州山中随处可见这样的竹筒，有的长至几百丈。杜甫写了首《引水》，记录了引水之事。其中写道："白帝城西万竹蟠，接筒引水喉不干。人生留滞生理难，斗水何直百忧宽。"

安顿下来以后，杜甫渐渐有了外出游赏的兴致。

说到底，对诗人来说，纵情山水，寻访古迹，总是别有情趣。

夔州属于山城，山川雄奇，景色秀美。而且这里名胜不少，诸如鱼腹浦、八阵图、武侯祠、白帝城、高唐观、瀼东、瀼西等等，或是奇美，或是厚重，皆是可去之处。

游览了八阵图和武侯祠，有感于诸葛亮的雄才大略及生平遗憾，杜甫写了《武侯庙》《八阵图》《古柏行》等诗。他如此写道："遗庙丹青落，空山草木长。犹闻辞后主，不复卧南阳；功盖三分国，名成八阵图。江流石不转，遗恨失吞吴。"

孔明庙前有老柏，柯如青铜根如石。

霜皮溜雨四十围，黛色参天二千尺。

君臣已与时际会，树木犹为人爱惜。

云来气接巫峡长，月出寒通雪山白。

忆昨路绕锦亭东，先主武侯同閟宫。

崔嵬枝干郊原古，窈窕丹青户牖空。

落落盘踞虽得地，冥冥孤高多烈风。

扶持自是神明力，正直原因造化功。

大厦如倾要梁栋，万牛回首丘山重。

不露文章世已惊，未辞翦伐谁能送？

苦心岂免容蝼蚁，香叶终经宿鸾凤。

志士幽人莫怨嗟：古来材大难为用。

这首诗采用比兴体，借赞久经风霜、挺立寒空的古柏，以称雄才大略、耿耿忠心的诸葛亮。诗写古柏古老，借以兴起君臣际会，以老柏孤高，喻武侯忠贞，表现了诗人对诸葛亮的崇敬之情，并借以抒发了自己壮志难酬的悲愤之情。

杜甫感叹自己虽然如古柏一样朴实无华，不以花叶之美炫俗，英采自然外露，使世人惊异，愿意不辞剪伐，陈力于庙堂，却不为所用。古柏心苦，却不免为蝼蚁所伤；柏叶余香，乃为鸾凤所喜。自己怀才不遇，恰如古柏。

于是，到最后，他终于发出浩叹：古来材大难为用。

一叹千年。他对江山的深情，未曾凋零，却是越来越凉。

虽有游赏之心，但在柏茂琳到夔州之前，杜甫还是必须为生计而忙碌。他在夔州城里接了些文墨工作，赚得少许酬劳。他曾种植蔬菜，却因为当年的旱情失败而终。此外，他还尝试养鸡，写有《缚鸡行》和《催宗文树鸡栅》。前者显见杜甫悲悯心怀。

小奴缚鸡向市卖，鸡被缚急相喧争。
家中厌鸡食虫蚁，不知鸡卖还遭烹。
虫鸡于人何厚薄，我斥奴人解其缚。
鸡虫得失无了时，注目寒江倚山阁。

虽然清贫，但全家人相守，苦中有乐。

有鸡犬相闻，有山水相依，不失田园兴味。

生活，原本不过如此。

百年世事不胜悲

度过了夏天，山城风雨不惊。

这里远离尘嚣，倒是个安放闲情的地方。

茫茫天地间，可以跃马关山，可以风流恣肆，但最终，我们总愿意找个地方，许是山涧水湄，许是竹巷茅庐，安置卸下俗心洗尽铅华的自己。庙堂名利，江湖风雨，历经岁月风尘，总会被打磨成寂静。那是生命的归宿。

杜甫，即使永不磨灭仕进之心，也会忘情于山水。

那支书写人间悲喜的笔，临风一抖，便能抖出一地翩然。

束缚他的，从来都不是名缰利锁，而是对于苍生的那份慈悲。

从他所写《缚鸡行》可知，初至夔州，他虽然还必须为生活奔走，家里却有了仆人。或许，严武在离世之前，还考虑到了杜甫后来的生活，所以有所馈赠。若是这样，实属弥足珍贵。也许，朋友做到这般境界，才算得上真正的朋友。

　　不管是否如此，严武的荫庇的确是延伸到了夔州。在成都附近发生的那场叛乱中，率兵攻击崔旰的邛州牙将柏茂琳，曾是节度使严武的部下，在严武幕府与杜甫相识。虽然出身行伍，但他对杜甫的才华和品性都很是欣赏。

　　当时，严武对他很是器重。如今，他被派到夔州任都督，兼任以夔州为首的五州防御使。严武虽已辞世，但柏茂琳记得他的恩遇，因此在夔州对他的故友杜甫十分照顾。

　　大历元年（766）秋，柏茂琳来到了夔州。很快，杜甫就被他请到了州府，还为他起草了给朝廷的奏表《为夔府柏都督谢上表》。杜甫在这年深秋所写的《峡口二首》中有这样的注解：主人柏中丞频分月俸。柏茂琳身兼御史中丞之衔，故有此说。从那时开始，柏茂琳对杜甫的资助从未断过。由此也可以看出，杜甫既是他的客人，也算是他的私人文书。不过，杜甫只是偶尔为其处理文墨事宜，不需劳形于案牍。

　　现在，无须为衣食住行而担忧，杜甫有大把时间饮酒写诗。

　　于他，山城岁月，往事前尘，都是下笔之处。

　　大概是因为安稳，他这段时间的许多诗，极其注重词句的推敲。从前，他在成都草堂时，曾在诗中说，"为人性僻耽佳句，语不惊人死不休"。那时候，他更喜欢词句不落窠臼，追求诗成泣鬼神的境界。而现在，他更乐于雕琢词句。就像，人在轰轰烈烈之后，终于回归素淡清和。他在西阁，仰观天地，体味春秋，写了《阁夜》，历来被视为其律诗中的典范性作品。

　　　岁暮阴阳催短景，天涯霜雪霁寒宵。

　　　五更鼓角声悲壮，三峡星河影动摇。

野哭几家闻战伐，夷歌数处起渔樵。

卧龙跃马终黄土，人事音书漫寂寥。

岁暮天寒，山城寂静。

远处的鼓角争鸣，惊破的是万民的安定生活。

万民悲泣之时，就连山野渔樵也难得悠闲。既有野哭，又有夷歌，对忧国忧民的杜甫来说，这两种声音都让他倍感忧伤。他是寂寥的，却不得不对自己说：诸葛亮和公孙述这样的贤达之人也终归黄土，我又何必悲切。由现实，想到历史人物，又想到人生境遇，感慨之余，却也有壮情和超然之意。

的确，风流终归寂寞，利名只如尘土。

再煊赫，再威武，也总会走向永远的沉寂。

红尘一念，此去无声。只有手中的清风明月最是真实。

杜甫写了《秋兴八首》，被不少评论家认为是他最好的诗篇。

以下是其中四首：

玉露凋伤枫树林，巫山巫峡气萧森。

江间波浪兼天涌，塞上风云接地阴。

丛菊两开他日泪，孤舟一系故园心。

寒衣处处催刀尺，白帝城高急暮砧。

夔府孤城落日斜，每依北斗望京华。

听猿实下三声泪，奉使虚随八月槎。

画省香炉违伏枕，山楼粉堞隐悲笳。

请看石上藤萝月，已映洲前芦荻花。

闻道长安似弈棋，百年世事不胜悲。
王侯第宅皆新主，文武衣冠异昔时。
直北关山金鼓振，征西车马羽书驰。
鱼龙寂寞秋江冷，故国平居有所思。

昆吾御宿自逶迤，紫阁峰阴入渼陂。
香稻啄余鹦鹉粒，碧梧栖老凤凰枝。
佳人拾翠春相问，仙侣同舟晚更移。
彩笔昔曾干气象，白头吟望苦低垂。

秋风萧瑟，凉意纵横。

暮年多病的杜甫，身处其中，难免感伤。

这八首秋兴诗，前三首由夔州而思及长安，后五首则由思长安而归结到夔州；前三首由现实引发回忆，后五首则由回忆回到现实。

从整体看，从诗人身在的夔州，联想到长安；由暮年飘零，羁旅江上，面对满目萧条的景色而引起国家盛衰及个人身世的感叹；以对长安盛世的追忆而归结到诗人现实的孤寂处境、今昔对比的哀愁。这种忧思不能看作杜甫一时一地的偶然触发，而是自经丧乱以来，他忧国伤时感情的集中表现。

国家残破，无所作为，他无法不苦闷。

只是，其中曲折，他不忍明言，也不能尽言。

望长安，写长安，婉转低回，反复慨叹，就是为此。

有人认为，杜甫入蜀后，诗歌不再有前期那样大气磅礴、浓烈炽热的感情。其实，他在这时期并没消沉，只是生活处境不同，思想感情变得更深沉而已。就艺术表现来说，多年磨砺后，此时的笔力自非从前可及。

许是某个傍晚，日薄西山，暮色渐沉。杜甫把酒沉吟，目光指向远方。一些时光，一些人物，恍然间出现的脑海。于是，有了历来广受盛赞的《咏怀古迹五首》。

支离东北风尘际，漂泊西南天地间。

三峡楼台淹日月，五溪衣服共云山。

羯胡事主终无赖，词客哀时且未还。

庾信平生最萧瑟，暮年诗赋动江关。


摇落深知宋玉悲，风流儒雅亦吾师。

怅望千秋一洒泪，萧条异代不同时。

江山故宅空文藻，云雨荒台岂梦思。

最是楚宫俱泯灭，舟人指点到今疑。


群山万壑赴荆门，生长明妃尚有村。

一去紫台连朔漠，独留青冢向黄昏。

画图省识春风面，环佩空归月夜魂。

千载琵琶作胡语，分明怨恨曲中论。


蜀主窥吴幸三峡，崩年亦在永安宫。

翠华想像空山里，玉殿虚无野寺中。

古庙杉松巢水鹤，岁时伏腊走村翁。

武侯祠屋常邻近，一体君臣祭祀同。


诸葛大名垂宇宙，宗臣遗像肃清高。

三分割据纡筹策，万古云霄一羽毛。

伯仲之间见伊吕，指挥若定失萧曹。

福移汉祚难恢复，志决身歼军务劳。


岁月如河，往事成丘。

许多人，许多事，去得了无痕迹。

却也有人，因其风姿，因其功勋，被青史永远铭记。

萧瑟的庾信，悲伤的宋玉，幽怨的王昭君，惜才的刘备，多谋的诸葛亮，尽管垂名千古，人生却是各有遗憾。终究，世事如霜，任何人都不能强求人生完满。前人生平萧索，杜甫自己何尝不是壮志难酬。

最初，他带着无比坚定的信念出发，以为可以匡扶河山社稷。看上去，也是策马红尘的潇洒模样。多年以后，河山碎裂，盛世凋残，他的雄心壮志付与东流之水，只能寄身在远离朝野的地方，把酒赋诗，聊以度日。悲哀与感叹，不言而喻。

也有人说，这五首诗是杜甫在离开夔州至江陵，游历了庾信故居、宋玉宅、昭君村、先主庙、武侯祠等古迹后所写，也不无道理。不过，对于诗人，未必要去过什么地方，才能书写与之相关的人和事。兴之所至，拿前人旧事做背景，映照自己的人生起落，也是极寻常的事情。

这年秋冬之际，江陵府的王兵马使来到夔州，说在山间偶遇黑白二鹰，久捕而未得，观其毛骨异于别的鹰，请杜甫赋诗。杜甫在诗中写道："在野只教心力破，千人何事网罗求。"又说，"万里寒空只一日，金眸玉爪不凡材"。

其实，王兵马使之所以前来，是荆南节度使卫伯玉有意召杜甫入其幕府。彼时，战乱后的大唐，到处都是都督和节度使，他们身边聚集了不少文人雅士。杜甫的故人薛据和孟云卿就在卫伯玉的幕府。然而，杜甫却并无入幕之意。

如果非要面对纷扰，他只愿为朝廷效命，不愿为地方势力驱驰。更何况，在严武幕府的经历并不愉快，他深知即使是小小的幕府，也充满了争斗与算计，他绝不愿身陷其中。至于偶尔为柏茂琳处理文墨事宜，基本是出于朋友之谊，为感激其扶助，略尽绵薄之力而已。

因此，他在诗中说，鹰只应翱翔于天际。

而不该身陷罗网，供人玩乐之用。

这，是态度，亦是风骨。

## 乘兴欲东流

草青人远，云淡风轻，岁月不声不响。

与那些漂泊无助的年月相比，此时的杜甫是安闲和自在的。

虽然，他有时候也会感叹人生，也会为夙愿难偿而喟叹，但总的来说，生活安和，日子平顺。当然，他毕竟是杜甫，不会永远沉湎于散淡的小日子。心中装着天地，必然很难安于平淡。

在夔州，杜甫的心思总是在去留进退之间跋涉。有道是，国家兴亡匹夫有责，安史之乱后，大唐的繁荣景象终于难以复返，杜甫空有满腹爱国热情，却长年漂泊他乡，飘零无依，苦闷心境可以说笼罩着他的整个夔州生活。因为看不到希望，所以这苍老的诗人更多地沉浸于回忆当中。

烦闷和忧伤，总会莫名地涌起，挥散不去。

带着这样的情绪，他写了《解闷十二首》，以下是其中五首：

商胡离别下扬州，忆上西陵故驿楼。
为问淮南米贵贱，老夫乘兴欲东流。

沈范早知何水部，曹刘不待薛郎中。
独当省署开文苑，兼泛沧浪学钓翁。

李陵苏武是吾师，孟子论文更不疑。
一饭未曾留俗客，数篇今见古人诗。

复忆襄阳孟浩然，清诗句句尽堪传。
即今耆旧无新语，漫钓槎头缩颈鳊。

陶冶性灵在底物，新诗改罢自长吟。
孰知二谢将能事，颇学阴何苦用心。

寄身天涯，故人零落，往事不堪回首。

忆起从前，抑郁之情爆发，于是有了这些愁闷之语。

此时的杜甫，除了歌咏山川和人民生活外，有了充裕时间追忆从前。山城偏僻，几乎与世隔绝，生活平静，朋友稀少，因此过去的许多经历总会在他脑海里蓦然呈现。他的故友们，除了岑参还在嘉州作刺史外，大都已经离世。他是个念旧的人，忆起陈年旧事，无法不悲伤。

他思念孟云卿和薛据，并托人转告二人，说自己将会在不久的将来去往江陵，与他们把酒言欢。他在《解闷十二首》里写道，"为问淮南米贵贱，老夫乘兴欲东流"。就是说，他有东下的打算，并且托人打听淮南的米价，以便有机会前往那里居住。东下是必然要经过江陵的。可惜，晚年的杜甫，终是没能实现再游江东的愿望。

杜甫之所以伟大，就在于他以博大的儒者情怀，深沉地爱着国家和人民。可以说，他的愁闷，体现了传统文化范围里所能达到最高境界的人文关怀。他的愁闷，其实是不断消解的。

不过，他不似王维，看透世事，退隐林下。

也不似李白，恣狂放浪，啸傲终生。

杜甫在他的一生中，总是以他最大的可能关心世事苍生。他的既崇高又平凡、既深沉又平和的人格和创作魅力，永远让后代文人高山仰止。

那段时间，杜甫写了很多回忆往事的诗，如《壮游》《昔游》《遣怀》《宿昔》等。其中的《壮游》，从他幼时学诗写起，到漫游吴越，到长安十年，再到安史之乱，一直写到漂泊巴蜀，几乎是一篇完整的自传。多亏了这些诗，我们得以知晓，杜甫在三十岁之前的生活片段。

放荡齐赵间，裘马颇清狂。春歌丛台上，冬猎青丘旁。

呼鹰皂枥林，逐兽云雪冈。射飞曾纵鞚，引臂落鹙鸧，

苏侯据鞍喜，忽如携葛强。快意八九年，西归到咸阳。

许与必词伯，赏游实贤王。曳裾置醴地，奏赋入明光。

天子废食召，群公会轩裳。脱身无所爱，痛饮信行藏。

黑貂不免敝，斑鬓兀称觞。杜曲晚耆旧，四郊多白杨。

坐深乡党敬，日觉死生忙。朱门任倾夺，赤族迭罹殃。

国马竭粟豆，官鸡输稻粱。举隅见烦费，引古惜兴亡。

夔州山城里，他举着酒杯遥望从前。

那里，有他未曾老去的年华，和那段叫开元盛世的岁月。

就像刹那，一切都过去了。他已白发苍苍，岁月却还年轻。

往事越是温暖，回忆就越凄凉。许多个日子，他就在山城的某个角落，思忆往事，静默而悲伤。然后，带着凄然的神情，回到现实的生活。妻子在身边，儿女在身边，这是当下的幸福。有诗有酒，不需太多。

除了忆旧之苦，杜甫的身体也总被疾病所缠，疟疾、肺病、风痹此起彼伏。大历元年冬天，他几乎是在病中度过的。他写了首《老病》，感慨人生飘零：

老病巫山里，稽留楚客中。药残他日裹，花发去年丛。

夜足沾沙雨，春多逆水风。合分双赐笔，犹作一飘蓬。

冬至日，他写了《小至》，其中写道："云物不殊乡国异，教儿且覆掌中杯。"次年寒食节，他写了两首诗给宗文和宗武，题为《又示两儿》。

令节成吾老，他时见汝心。浮生看物变，为恨与年深。

长葛书难得，江州涕不禁。团圆思弟妹，行坐白头吟。

大历二年（767）春，被病痛折磨了数月的杜甫，形容极是憔悴。一日晨起，见镜中那个苍老清癯的身影，几乎不相信那是自己。他在《览镜呈柏中丞》中写道："起晚堪从事，行迟更学仙。镜中衰谢色，万一故人怜。"

满城的春风里，杜甫的病情终于大有起色，身体又硬朗了起来。三月，他迁居瀼西茅舍，耕种着若干公田，还要经营柏茂琳所赠的四十亩柑林。就物质条件来说，此时的杜甫可谓丰衣足食，若不是挂怀天下，他大可以在此过晴耕雨读的安恬日子。

然而，一颗心，终是难得安稳。

江山动荡，黎民多艰，他注定要为之劳心。

于是，即使是为迁居而作的几首诗，也满是哀伤。

久嗟三峡客，再与暮春期。百舌欲无语，繁花能几时。
谷虚云气薄，波乱日华迟。战伐何由定，哀伤不在兹。

壮年学书剑，他日委泥沙。事主非无禄，浮生即有涯。
高斋依药饵，绝域改春华。丧乱丹心破，王臣未一家。

欲陈济世策，已老尚书郎。未息豺虎斗，空惭鸳鹭行。
时危人事急，风逆羽毛伤。落日悲江汉，中宵泪满床。

虽然远在西南，但杜甫始终关注着朝廷境况。安史之乱虽已平定数年，但各地军阀、节度使不乏野心勃勃之人，因此时有战乱在局部发生。大唐王朝，早已失去了统御九州的能力。其后虽然存活了百余年，却再也不复旧日繁华。那场华丽的开元梦，一旦醒转，便只剩苟延残喘。

这一年，道州（湖南道县）发生变乱，百姓死伤无数。平叛后，刺史元结在《贼退示官录》中写道："城小贼不屠，人贫伤可怜。是以陷邻境，此州独见全。使臣将王命，岂不如贼焉。今彼征敛者，迫之如火煎。谁能绝人命，以作时世贤。思欲委符节，引竿自刺船。将家就鱼麦，归老江湖边。"后来，杜甫读到了这首诗，写诗说："我多长卿病，日夕思朝廷。"

大历元年（766）十二月，华州节度使周智光反叛，代宗命郭子仪率军讨伐。不久后，周智光为部将所杀。大历二年初，郭子仪入朝，备受代宗倚重。同时，河北诸路节度使也相继入朝。杜甫在夔州闻讯，甚是欢喜，写了《承闻河北诸道节度使入朝欢喜口号绝句十二首》。最后一首这样写道：十二年来多战场，天威已息阵堂堂。神灵汉代中兴主，功业汾阳异姓王。

显然，杜甫认为，有郭子仪这样的忠义之臣，朝廷权威重建有望。郭子仪的确忠义，在许多节度使蠢蠢欲动的时候，他对大唐朝廷从无二心。

其子郭暧娶了升平公主，某次发生争吵，郭暧说："别以为你父亲是皇帝，你就可以对我颐指气使，我父亲只是不愿做皇帝罢了。"公主去到代宗跟前哭诉，代宗却说郭暧所言非虚。郭子仪闻讯，为郭暧大逆不道而自责不已，并且将其绑起来送至代宗处，请求责罚父子二人。代宗宽宥了郭暧，并且说："不痴不聋，不作家翁。儿女子闺房之言，何足听也！"

可惜，大唐中兴，终于成了一场空梦。

岁月浮沉，王朝盛衰，是历史的必然，谁都难以阻挡。

留给大唐王朝的，就是一袭秋凉。

## 第七卷：寂寞归途

闻所闻而来，见所见而去。

人生，不过是在岁月之上，画个残缺的圆。

不同的是，有的人下笔浓重，有的人轻描淡写。

出发的时候，我们便开始了回归的路。


## 万里悲秋常作客

其实，人生就是一个找寻温暖的过程。

万水千山，秋风春雨，都抵不上一盏照亮归途的灯。

所有路过的，过客与天涯，繁华与寂寞，看似一去无痕，其实早已在我们生命里落地生根，待到流光渐老，便会开出一种花，叫从容。或许，这便是那盏属于归途的灯。有之独照，我们方能走得安然。

五十六岁的杜甫，学得了从容，但有些事终是无法割舍。这其中，有家人眷属，也有社稷苍生。不管怎样，生活是安适的。此时的他，更像个乡绅，有土地要耕种，有果园要管理，仆人数目也增加了不少。很多事情，他无须其力亲为，诸如伐木、耕地、除草、灌溉、修补栅栏等事宜，都可以差遣仆人去做。他在不少诗里提到仆人，比如那首《秋行官张望督促东渚刈稻向毕，清晨遣女奴阿稽、竖子阿段往问》。

不仅如此，杜甫在东屯和瀼西都有了自己的房舍。东屯的房子，视野甚好，可以极目大江；瀼西的茅舍本是租住，后来干脆买了下来，虽然素朴，但是临山近水，还有个别致的小花园。大历二年（767）春，他搬到瀼西，东屯的田地便交给行官张望管理。

现在，杜甫的生活呈现出了前所未有的优渥。即使是在成都草堂，也不似现在，完全无须受物资困扰。除了指挥农夫和仆人做事，偶尔去夔州城里参加无法推却的应酬，杜甫的时间基本用于读书和写诗。当然，他还要休养自己老病的身体。

迟日江山丽，春风花草香。
泥融飞燕子，沙暖睡鸳鸯。

江碧鸟逾白，山青花欲燃。
今春看又过，何日是归年。

草香沙暖，水碧山青。春色怡人，他仍想着归去。

无论是谁，不管走得多远，总会为一个地方牵肠挂肚。

那里，叫作故乡，是我们愿意落叶归根的地方。

只是，山高水远，不是想归就能归去的。尤其是千百年前，交通设施粗陋，所谓关山难越，故乡一直都在，人却只能遥望。有时候，说着归去，却终于客死他乡。杜甫，就是这样的结局。他对故乡念念不忘，但是到最后，也未能如愿回去。

生活平顺，时间过得很快，转眼已是大历二年（767）秋天。杜甫从瀼西迁回了东屯，将瀼西的茅舍借给从忠州来的吴某居住，写了《自瀼西荆扉且移居东屯茅屋四首》。

他说，"烟霜凄野日，粳稻熟天风。人事伤蓬转，吾将守桂丛"；他说，"市喧宜近利，林僻此无蹊。若访衰翁语，须令剩客迷"；他说，"枕带还相似，柴荆即有焉。斫畬应费日，解缆不知年"。但在最后一首，出现了这样的词句："久游巴子国，卧病楚人山。寒空见鸳鹭，回首忆朝班。"终究，他很难安于闲散。

据他诗中所写，瀼西茅舍前长有枣树，西邻是一位贫寒的孀居老妇人，常来树下摘枣子吃，杜甫从不阻止。而且，他还特意写诗嘱咐茅舍的新住户吴某，莫要为难这个可怜的妇人。诗中写道："堂前扑枣任西邻，无食无儿一妇人。不为困穷宁有此？只缘恐惧转须亲。即防远客虽多事，便插疏篱却甚真。"上至王朝江山，下至庶民走卒，皆悲悯以对，这就是杜甫。

突然风起，秋天如约而至。

这时节，固然天高云淡，却又满地萧瑟。

不过，开始的时候，路过郊野，倒也寻得几分闲趣。

他写了《秋野五首》，很有些隐逸味道。以下是其中三首：

秋野日疏芜，寒江动碧虚。系舟蛮井络，卜宅楚村墟。
枣熟从人打，葵荒欲自锄。盘餐老夫食，分减及溪鱼。

易识浮生理，难教一物违。水深鱼极乐，林茂鸟知归。

吾老甘贫病，荣华有是非。秋风吹几杖，不厌此山薇。

礼乐攻吾短，山林引兴长。掉头纱帽仄，曝背竹书光。
风落收松子，天寒割蜜房。稀疏小红翠，驻屐近微香。

然而，真正的秋天，到底是萧瑟的。

酒可暖身，诗可寄情，但是伤秋之情，总是无处逃避。

即使是远离困顿，属于秋天的诗也总显得凄清。

中秋节，月下的人间，有安稳也有凌乱。尽管妻子儿女就在身侧，杜甫还是难忍思乡之情。天高地阔，辗转流离，故乡越来越远，几乎成了天涯，他无法不感伤。他写了两首《八月十五月夜》，不仅写了自己的感伤，也写了普天之下萍踪难定之人的哀愁。甚至，其中还有对大唐王朝难复兴盛的喟叹。他说，"满月飞明镜，归心折大刀"；又说，"张弓倚残魄，不独汉家营"。

总的来说，这个月圆之夜，他是愁闷多于悠闲。

只因，小到人生境遇，大到家国世事，都不似明月圆满。

一想，便是辗转流离；一想，便是河山破碎。

生如飞蓬，归期难定，谁都不免凄凉。此夜的杜甫，除了自我感叹，还不忘祝福远方的人们，戍边将士，市井黎民，他都希望他们远离战乱，活得安泰，远离风雨。

其后的两个夜晚，他都曾在月下沉吟。

而且都写了诗，分别为《十六夜玩月》和《十七夜对月》。

旧挹金波爽，皆传玉露秋。关山随地阔，河汉近人流。

谷口樵归唱，孤城笛起愁。巴童浑不寝，半夜有行舟。

秋月仍圆夜，江村独老身。卷帘还照客，倚杖更随人。
光射潜虬动，明翻宿鸟频。茅斋依橘柚，清切露华新。

孤城的笛声，夜半的行舟，都是忧烦的理由。

明明有人相伴，却说江村独老。这显然不是无病呻吟。

那是一个憔悴老人，在异地他乡的叹息。

这年重阳节，许是独自，许是有人相随，杜甫登高伫立，遥望河山万里，回首生平往事，不禁悲从中来。就好像，多年以后，他除了苍老和病痛，一无所有。

此情此景，两百多年后的柳永曾在他的《曲玉管》中这样感叹："烟波满目凭阑久，一望关河萧索，千里清秋。忍凝眸。"又说，"每登山临水，惹起平生心事，一场消黯，永日无言，却下层楼"。杜甫写了首《登高》，心境也是如此。

风急天高猿啸哀，渚清沙白鸟飞回。
无边落木萧萧下，不尽长江滚滚来。
万里悲秋常作客，百年多病独登台。
艰难苦恨繁霜鬓，潦倒新停浊酒杯。

而就在头天晚上，杜甫曾与那位吴姓朋友共酌。

杜甫还写了首《晚晴吴郎见过北舍》，颇有闲逸心情。

一夕之后，登高望远，已是截然相反的心境。

圃畦新雨润，愧子废锄来。竹杖交头拄，柴扉隔径开。

欲栖群鸟乱，未去小童催。明日重阳酒，相迎自酦醅。

秋天，无处逃避，便只能以秋风佐酒。

时光与往事，寂寞与哀愁，都可以放在酒杯里。

一饮而尽，千载无声。满目秋凉，这也算是一种选择。

马致远在《夜行船·秋思》中写道："和露摘黄花，带霜烹紫蟹，煮酒烧红叶。想人生有限杯，浑几个重阳节？人问我顽童记者：便北海探吾来，道东篱醉了也。"东篱下，自有那诗人，和露摘黄花，煮酒烧红叶。

但是杜甫，耐不住东篱的寂寞。

他的目光，始终为远方，为人间世事而凄凉。

这个秋天，杜甫写了很多诗，大都悲伤，偶尔恬淡。他在《更题》中写道，"直怕巫山雨，真伤白帝秋"；在《晓望》中写道，"地坼江帆隐，天清木叶闻"；在《小园》中写道，"秋庭风落果，瀼岸雨颓沙"。

某日，杜甫去夔州城里参加饮宴，醉酒后忆起年轻时的恣意狂放，于是纵马疾驰，结果坠马受伤，引得一群朋友携酒嘲笑。带着几分幽默，他写诗《醉为马所坠诸公携酒相看》，记载了此事。

向来皓首惊万人，自倚红颜能骑射。

安知决臆追风足，朱汗骖䮵犹喷玉。

不虞一蹶终损伤，人生快意多所辱。

职当忧戚伏衾枕，况乃迟暮加烦促。

明知来问腆我颜，杖藜强起依僮仆。
语尽还成开口笑，提携别扫清溪曲。

他说，"人生快意多所辱"。

自己最快意的事情，往往会成为别人的笑柄，的确如此。

不知道是不是此次坠马所致，杜甫的左耳失聪了。他写了首《耳聋》，其中说，"眼复几时暗，耳从前月聋"。另外，他在《复阴》中也说："君不见夔子之国杜陵翁，牙齿半落左耳聋。"揽镜自照，只剩一副垂老多病模样。

但他，依旧在把酒，依旧在忧虑，依旧在写诗。

他说，"无贵贱不悲，无富贫亦足；曲直我不知，负暄候樵牧"。

他说，"沧江白发愁看汝，来岁如今归未归"。

目光所致，是那个叫故乡的地方。

残生逗江汉，何处狎樵渔

故事里，我们皆是赶路之人。

桃李春风，江湖夜雨，我们终将轻轻挥去。

只留一个看似洒脱的背影给岁月，和故事外的人们。

大历二年（767）杜甫在夔州城里，既忙碌又清闲。迟暮之年，虽然时常感伤，却也不负诗酒。身体状况并不乐观，但那颗济世之心仍未磨灭。他总会想起故乡，想起曾经的朋友，想起远方的亲属。人到暮年，总喜欢回首，怅惘的眼神里满是年轻时的身影和故事。越回首越悲伤。毕竟，走过的路，见过的人，大都只属于身后。

世事一场大梦，人生几度秋凉。

不知不觉，我们已是夕阳下独自踯躅的身影。

一枕秋凉下，杜甫写了首《偶题》。

文章千古事，得失寸心知。作者皆殊列，名声岂浪垂。

骚人嗟不见，汉道盛于斯。前辈飞腾入，余波绮丽为。

后贤兼旧列，历代各清规。法自儒家有，心从弱岁疲。

永怀江左逸，多病邺中奇。騄骥皆良马，骐驎带好儿。

车轮徒已斫，堂构惜仍亏。漫作潜夫论，虚传幼妇碑。

缘情慰漂荡，抱疾屡迁移。经济惭长策，飞栖假一枝。

尘沙傍蜂蚕，江峡绕蛟螭。萧瑟唐虞远，联翩楚汉危。

圣朝兼盗贼，异俗更喧卑。郁郁星辰剑，苍苍云雨池。

两都开幕府，万宇插军麾。南海残铜柱，东风避月支。

音书恨乌鹊，号怒怪熊罴。稼穑分诗兴，柴荆学土宜。

故山迷白阁，秋水隐黄陂。不敢要佳句，愁来赋别离。

这首诗，是晚年杜甫对诗歌创作和中国诗歌史的见解，以及他对自己在其中所处位置的谨慎估计。王嗣奭《杜臆》说："此公一生精力用之文章，始成一部《杜诗》，而此篇乃其自序也。"文章千古事，得失寸心知，这就是杜甫的态度。

写诗为文，风雅中有厚重。江山起伏，世事悲欢，尽在诗文之中。

就像曹丕所言："文章经国之大业，不朽之盛事。"

这年十月十九日，杜甫在夔州长史元持的家宴上看到了临颍李十二娘的剑器舞。他是公孙大娘的弟子，技艺超凡，颇有其师风范。观其辗转腾挪，杜甫恍然间仿佛回到了五十年前，彼时在郾城，他在人群里观看公孙大娘舞蹈，从此对那飘逸身影念念不忘。那年，杜甫六岁。忆起旧事，杜甫写了首《观公孙大娘弟子舞剑器行》，前有小序：

大历二年十月十九日，夔府别驾元持宅，见临颍李十二娘 舞剑器，壮其蔚跂，问其所师，曰："余公孙大娘弟子也。"开元三载，余尚童稚，记于郾城观公孙氏，舞剑器浑脱，浏漓顿挫，独出冠时，自高头宜春梨园二伎坊内人洎外供奉，晓是舞者，圣文神武皇帝初，公孙一人而已。

玉貌锦衣，况余白首，今兹弟子，亦非盛颜。既辨其由来，知波澜莫二，抚事慷慨，聊为《剑器行》。 昔者吴人张旭，善草书帖，数常于邺县见公孙大娘舞西河剑器，自此草书长进，豪荡感激，即公孙可知矣。


五十年，不过弹指一挥间。

岁月风雨，将他雕刻成了如今的衰老模样。

但许多往事，一直在他心里，藏得深沉而妥帖。

一个流光溢彩的年代，早已谢幕。剩下的，是满目疮痍，和依稀可见的悲叹。而杜甫自己，就像是被时代遗忘的老人，在草木萧条的夔州山城散淡度日。

繁华背后总是荒草。而他，就在这荒草之间。

五十年间似反掌，风尘澒洞昏王室。这是他的慨叹。

盛衰荣辱，浮沉悲喜，刹那已是陈迹。

当然，杜甫也常常为亲人离散、兄弟各自天涯而感伤。那些年，他的诗里总会出现弟弟们的身影，他们的名字分别为杜颖、杜观、杜丰、杜占。杜占曾在蜀中相随杜甫多日，杜颖也曾于几年前到成都看望过杜甫；杜丰自安史之乱后就与姑母留在江东，多年音讯全无。就在杜甫感叹兄弟零落的时候，杜观来到了江陵（荆州），继而来到了夔州。

兄弟相聚，欢喜不尽。说着各自经历，不胜感慨。

数日后，杜观前往蓝田完婚，杜甫为之送别，泪湿青衫。

他写了《舍弟观归蓝田迎新妇送示二篇》。

汝去迎妻子，高秋念却回。即今萤已乱，好与雁同来。
东望西江水，南游北户开。卜居期静处，会有故人杯。

楚塞难为路，蓝田莫滞留。衣裳判白露，鞍马信清秋。
满峡重江水，开帆八月舟。此时同一醉，应在仲宣楼。

由此可知，大历二年秋，杜甫已有打算离开夔州顺江而下。杜观说，在蓝田完婚后将回到江陵当阳，杜甫希望与他在仲宣楼把酒言欢。

不过，种种原因导致计划延迟，杜甫在《秋清》中说，"天寒出巫峡，醉别仲宣楼"；又在《更题》中说，"只应踏初雪，骑马发荆州"。也就是说，要在冬天才能前往荆州。

晚秋，杜甫想念弟弟杜丰，作诗《第五弟丰独在江左，近三四载寂无消息，觅使寄此二首》。从诗中可知，东下的计划，再次推迟至次年春天。

乱后嗟吾在，羁栖见汝难。草黄骐骥病，沙晚鹡鸰寒。
楚设关城险，吴吞水府宽。十年朝夕泪，衣袖不曾干。

闻汝依山寺，杭州定越州。风尘淹别日，江汉失清秋。
影盖啼猿树，魂飘结蜃楼。明年下春水，东尽白云求。

就在那个秋天，吐蕃数万围灵州，朝廷命郭子仪镇泾阳，长安戒严。十月，朔方节度破吐蕃于灵州（今宁夏灵武西南）城下，斩首二千余级，吐蕃败走。杜甫闻讯，于次年正月写了《喜闻盗贼蕃寇总退口号五首》。其中写道："今春喜气满乾坤，南北东西拱至尊。大历二年调玉烛，玄元皇帝圣云孙。"

在此之前，杜甫收到了杜观的来信，写有《续得观书迎就当阳居止，正月中旬定出三峡》。在这首诗里，他明确表示，将前往长安。他说："俗薄江山好，时危草木苏。冯唐虽晚达，终觊在皇都。"

杜甫，带着治国平天下的理想求索半生，终因生不逢时，未能如愿以偿。有过苦楚黯淡，有过颠沛流离，他终于在夔州过了一段富足安稳的日子。按理说，就此安度余生也是不错的。但是，不到两年，他再次决定离开。除了急切地想与兄弟团聚，还有别的原因。

虽然衣食无忧，但夔州这座小城，无论是环境还是气候，杜甫都不太满意，他也从未想过在此安居乐业。他在《戏作俳谐体遣闷二首》中写道："异俗吁可怪，斯人难并居。家家养乌鬼，顿顿食黄鱼。"就是说，这里家家都养着鸬鹚，日日吃黄鱼，对于在北方长大的杜甫来说，这是难以接受的。

他又在《南极》一诗中说："岁月蛇常见，风飙虎或闻。"对于长居夔州的人们来说，与蛇偶遇是极为平常的事，但杜甫甚为讶异。当地饮食习惯，杜甫也难以适应。他在诗中写道："塞俗人无井，山田饭有沙。"

另外，还有不少风土人情，也让杜甫无法接受。他在《负薪行》讲到当地风俗，由于男丁稀缺，很多女子直到年老色衰都未能嫁人。即使嫁人，也要比男子承担更多的生活压力，种地砍柴，甚至冒着风险去贩卖私盐，都是司空见惯的事情。因此，杜甫在诗中说，这里的女子虽然头上插着银钗，鬓间插着鲜花，也不过是悲喜自知。

总之，一隅小城，从生活习惯到风俗文化，杜甫都颇有抗拒之心。若定要选个栖身之地，他希望是洛阳或者长安。前者是他的故乡，后者则是他理想所系之地。因此，无论是恬淡的成都还是富足的夔州，都留不住他。

决定了离开，杜甫对夔州产业做了简单的处理。他将四十亩柑林转赠给了朋友，也就是他在此时所写《将别巫峡，赠南卿兄瀼西果园四十亩》一诗中的南卿兄。这个人，或许就是之前借住瀼西茅舍的那位吴某。又或许，只是个相识不久的贫寒文人。

苦竹素所好，萍蓬无定居。远游长儿子，几地别林庐。

杂蕊红相对，他时锦不如。具舟将出峡，巡圃念携锄。

正月喧莺末，兹辰放鹢初。雪篱梅可折，风榭柳微舒。

托赠卿家有，因歌野兴疏。残生逗江汉，何处狎樵渔。

西和东屯屋舍的处理方式，他诗中未提及。

初春，所有事情打点妥当，他离开了夔州。五十七岁，再次上路。他在他的故事里，结束了安逸，重新起程。外面，世事苍茫，江水汤汤。悲欢纠葛，阴晴变幻，一如从前。

所有人都在自己的故事里，寻寻觅觅，走走停停。

偶尔望向别人的生活，或悲或喜，不起波澜。

我们，都是别人故事外面的看客。


暮光下的漂泊

红尘如江湖，我们却未必是剑客。

我们只是寂寞行客，混迹江湖，风尘仆仆。

如果说，年轻时浪迹天涯，还有几分潇洒恣意，那么老去之时零落他乡，就只剩憔悴与悲凉了。少了意气风发，少了快意恩仇，江湖就不再是我们熟悉的江湖。

杜甫再次出发，将自己交给了道路。

苍苍年岁，老病孤舟。是暮光下的漂泊。

大历三年（768）二月，杜甫携家小离开了夔州，从白帝城登船前往江陵。旅途中，他在巫山有短暂停留，参加了一个告别宴会，作诗《巫山县汾州唐使君十八弟宴别，兼诸公携酒乐相送率题小诗留于屋壁》，其中写道："卧病巴东久，今年强作归。故人犹远谪，兹日倍多违。接宴身兼杖，听歌泪满衣。"

过峡州，他再次登岸，与友人把酒，留诗《春夜峡州田侍御长史津亭留宴》。他说，"白发烦多酒，明星惜此筵"。舟过三峡，惊异于两岸壮美景色，他写了首八十四行的长诗，题为《大历三年春白帝城放船出瞿塘峡久居夔府将适江陵漂泊有诗凡四十韵》。

这首诗，描述三峡胜景的同时，再次回味了自己寥落的人生。

临近江陵时的某个晚上，他写了《旅夜书怀》。

细草微风岸，危樯独夜舟。星垂平野阔，月涌大江流。

名岂文章著，官应老病休。飘飘何所似，天地一沙鸥。

无疑，虽至暮年，他仍是心有不甘。

他的抱负，本来是这样：致君尧舜上，再使风俗淳。

然而，多年以后，宦途坎坷，抱负落空。若是仅以文章扬名四海，他定会无法释怀。对于悲天悯人的杜甫来说，诗文照耀千古，终究抵不上以自己之力，为黎民赢得哪怕一隅之间的安定温暖。

李白说，"山随平野尽，江入大荒流"；杜甫说，"星垂平野阔，月涌大江流"。两者异曲同工。不同的是，李白写这两句的时候，正值意气飞扬年岁，满是天下任我邀游的豪气；而杜甫，面对平野大江，看到的是自己萧瑟的身影。

孤舟月夜，人似沙鸥。身归何处，他并不知晓。

几乎可以说，这是个没有着落的春天。

三月，杜甫抵达江陵。江陵又名荆州城，城市前身为楚国国都"郢"，从春秋战国到五代十国，先后有三十四代帝王在此建都。至汉朝起，江陵长期作为荆州的治所而存在，故常以荆州专称江陵。

江陵位于湖北省中部偏南，地处长江中游，江汉平原西部，南临长江，北依汉水，西控巴蜀，南通湘粤，古称"七省通衢"。唐代设江陵县为荆州治，是当时南方重镇。唐肃宗时曾两度设为南都江陵府，是唐代五都之一。

不知何故，杜甫在荆州的日子，并没有出现弟弟杜观的身影。仲宣楼痛饮的画面，并没有如约出现。这年二月商州发生叛乱，八月吐蕃入侵凤翔，长安很不安稳。弟弟杜丰仍是音讯杳然，杜甫也不想贸然前往江东。因此，杜甫在江陵滞留到了这年暮秋。

幸好，他有几个故人在江陵，比如郑审和李之芳。郑审是郑虔的弟弟，此时为江陵少尹；李之芳是杜甫漫游齐鲁时的齐州太守，后来被吐蕃羁留两年，放归后被擢升为礼部尚书，此时在江陵逗留。此外，杜甫的远房从弟杜位如今也在江陵，他在荆南节度使卫伯玉帐下担任行军司马。不知为何，杜甫在江陵所写的诗里，不曾出现孟云卿和薛据的身影。

那年春夏，杜甫经常与郑审和李之芳相邀，饮酒唱和。人到暮年，江湖漂泊，诗酒往来的情景殊为难得。一天，书堂饮酒后，杜甫写了首七绝，题为《书堂饮既，夜复邀李尚书下马，月下赋绝句》。

湖水林风相与清，残尊下马复同倾。
久拼野鹤如霜鬓，遮莫邻鸡下五更。

夜深人定，月色如水。两三好友，把酒忘机。

如此的陶然快意，杜甫是喜欢的。只是，多年以后，与他月下对饮的，没有了豪迈的高适，没有了飘洒的李白，没有了博学的郑虔，没有了儒雅的苏源明。自然地，也没有了骄纵奢靡却对他礼遇有加的严武。

此夜的酒杯里，盛满了醉意，也盛满了往事。

一饮而尽，虽有豪兴，终究不是当年狂歌痛饮的味道。

却也没有办法。人生本就是聚散离合连绵相依的过程。曾经的良朋知己，总会在某年某日淡出我们的生活，或生离，或死别，总之蓦然间两无消息。于是，往事如昨，每每翻开都忍不住悲伤。但我们，仍需收拾心情，继续漫步人海，偶尔浅斟，偶尔低吟。而更多的，是独自的怅惘与悲凉。不管怎样，后来的岁月，且听风吟，勿忘心安。

流落天涯，杜甫也只能淡然自处。这个夏天，几个好友相聚，甚至有了联句成诗的雅兴。某天晚上，在为朋友举行的践行宴会上，杜甫与李之芳和另一诗人崔彧，依次吟诗联句，成了一首八韵律诗，题为《夏夜李尚书筵送宇文石首赴县联句》。

爱客尚书贵，之官宅相贤。——杜甫

酒香倾坐侧，帆影驻江边。——李之芳

瞿表郎官瑞，鬼看令宰仙。——崔彧

雨稀云叶断，夜久烛花偏。——杜甫

数语歇纱帽，高文掷彩笺。——李之芳

兴饶行处乐，离惜醉中眠。——崔彧

单父长多暇，河阳实少年。——杜甫

客居逢自出，为别几凄然。——李之芳

联句成诗，是古代文人嗜好的游戏。由于对格律和意境都有很高要求，文人雅士多热衷于此。杜甫在与朋友们把酒酬唱的时候，联句的场景应该不少。可惜的是，在杜甫的存世诗作中，联句诗仅此一首。

那年春夏之间，杜甫还有若干诗篇留世。他在《归雁》中写道，"年年霜露隔，不过五湖秋"；在《短歌行赠王朗司直》中写道，"仲宣楼头春色深，青眼高歌望吾子，眼中之人吾老矣。"他应该是去过当阳，也曾在仲宣楼与人对酌，就是诗中所说的王郎。

然而，他的诗中并没有提及杜观。若杜观在这个春天突然不知何往，那么，仲宣楼把酒的时候，杜甫定是不安和落寞的。当然，我们希望，并非杜甫未与弟弟相聚，而是关于相聚的诗作都散佚了。

这年初秋，杜甫曾计划往东南顺流而下前往岳阳，再转向东北前往洄州，继而改道汉水，向西北前往襄阳。他在《登舟将适汉阳》中写道："生理飘荡拙，有心迟暮违。中原戎马盛，远道素书稀。塞雁与时集，樯乌终岁飞。"

不过，这个计划因为李之芳的突然病故而取消了。

他作了《哭李尚书》，深沉哀悼好友。

漳滨与蒿里，逝水竟同年。欲挂留徐剑，犹回忆戴船。

相知成白首，此别间黄泉。风雨嗟何及，江湖涕泫然。

修文将管辂，奉使失张骞。史阁行人在，诗家秀句传。

客亭鞍马绝，旅榇网虫悬。复魄昭丘远，归魂素浒偏。

樵苏封葬地，喉舌罢朝天。秋色凋春草，王孙若个边。


相知成白首，此别间黄泉。

许多相知相惜的故事，到最后都是这样的情景。

人间天上，两处茫茫。双袖龙钟，杜甫的悲伤渐渐无处言说。

除了老友的不幸离世，现实处境也让杜甫忧心不已。那些日子，虽然不乏诗酒兴致，朋友们也偶有接济，但对于杜甫一家人的生活，这样的接济几乎是杯水车薪。毕竟，这些人都不似严武和柏茂琳那般豪奢阔绰。与从弟杜位之间，数次交集，也仅是诗酒往来。

另外，他的身体也是大不如前。如今的他，耳朵失聪，与人交谈需要对方将要说的话写于纸上；右臂偏枯，书写需要儿子代笔。偶尔受邀前往赴宴，也是备受当地官员冷落。世情冷暖，他虽已尝遍，但还是不免感慨。他写了首《秋日荆南述怀》，言辞甚是凄凉。

蛟螭深作横，豺虎乱雄猜。素业行已矣，浮名安在哉。

琴鸟曲怨愤，庭鹤舞摧额。秋雨漫湘水，阴风过岭梅。

苦摇求食尾，常曝报恩腮。结舌防谗柄，探肠有祸胎。

苍茫步兵哭，展转仲宣哀。饥籍家家米，愁征处处杯。

休为贫士叹，任受众人咍。得丧初难识，荣枯划易该。

差池分组冕，合沓起蒿莱。不必伊周地，皆知屈宋才。

他在《水宿遣兴奉呈群公》中也写道："暮年漂泊恨，今夕乱离啼。童稚频书札，盘餐诅糁藜。我行何到此，物理直难齐。"就是说，尽管他尽力周旋，生计问题终究未能解决，而且每况愈下。渐渐地，孩子们连玉米野菜糊等粗粝饭食都吃不到了。

凄寒落魄，就是杜甫此时的生活。

黄叶飘零的季节，日子像极了外面的秋天。

暮年际遇，让人不忍下笔。


亲朋无一字，老病有孤舟

人生太短，岁月太长。

不知不觉，我们已是白发苍苍，岁月却依旧年轻。

永远是这样，以为与岁月同行，终于有一天，默然间发现，我们走得太匆忙，走出了青春年华，走过了繁华巷陌，最终只剩一抹残阳。而岁月，一如最初，走得不徐不疾。

现在的杜甫，怕是不敢面对暮色下颤巍巍的自己了。当然，他更不敢面对许多年前那个狂放潇洒、快马轻裘的自己。可他，总还要在那个佝偻的身影里，找出些热情，面对此后的光阴。

生活冰冷，我们只能烧一堆野草，燃尽秋凉。

或者，孤灯一盏照亮前尘，在那里找到倔强的自己。

然后，重新上路，以坦荡的模样。

不过，年近花甲的杜甫，在困窘的生活中，连安之若素都很难做到了。他自己可以安贫乐道，纵然两袖空空，至少还有诗酒，但是让妻子儿女跟着他受尽飘零落魄之苦，他甚是惭愧。清代黄景仁在《杂感》中说，"十有九人堪白眼，百无一用是书生"。恐怕，那些年的杜甫也是这样的感叹。其实，不是书生无用，而是，真正的书生往往恃才傲物，耿介疏狂，不屑尘俗，所以即使才华横溢，也难以为世所用。

从夔州到江陵，仅仅在半年以后，景况就急转直下，大概是杜甫没有想到的。由此我们可以猜想，他在夔州的房舍和田地等物，并没有变卖，而是转赠他人了，否则不会在半年之后就再次到了山穷水尽的地步。说到底，杜甫就是个真正的文人，处事简单而率性，往往不计后果，与那些机关算尽的世俗之人截然相反。却也因此，生活难免窘迫。

事实上，李白也是这样。若能节俭度日，步步精打细算，他的生活绝不会困顿。但若是那样，也就不是李白了。真实的情况是，李白为人慷慨，遇有贫寒之人就会尽力相助，而且出手阔绰。年轻时，他在吴越漫游，不到一年，散金三十余万。后来，被玄宗赐金放还，本可以安享余生，却在挥金如土的日子里渐渐困顿。

这两人，难怪能成为知己，行事方式何其相似。

傻气十足，却又尽显豪爽慷慨。这就是文人的性情。

大历三年（768）深秋，江陵的日子难以维持，杜甫移居江陵以南的公安县。登舟后，他写诗遥寄郑审，题为《舟出江陵南浦，奉寄郑少尹审》。

更欲投何处，飘然去此都。形骸元土木，舟楫复江湖。
社稷缠妖气，干戈送老儒。百年同弃物，万国尽穷途。
雨洗平沙静，天衔阔岸纤。鸣蝉随泛梗，别燕赴秋菰。
栖托难高卧，饥寒迫向隅。寂寥相煦沫，浩荡报恩珠。
溟涨鲸波动，衡阳雁影徂。南征问悬榻，东逝想乘桴。
滥窃商歌听，时忧卞泣诛。经过忆郑驿，斗酒旅情孤。

他说，"百年同弃物，万国尽穷途"。

年岁苍老，生活窘困，诗也随之失去了生气。

看上去，此时的杜甫，几乎已是日暮穷途的模样。

在公安县，杜甫一家受到了卫大郎的盛情款待。卫大郎虽籍籍无名，但自小嗜好诗词文赋，颇有书生意气。杜甫的旷世诗才和慈悲心怀，都让他钦慕不已。此时，蓦然相遇，见其落魄，便主动伸出了援手。

事实上，此时能给予杜甫接济的，除了他的少数朋友，也就是这些真正为他的才华和品性倾倒的市井平民了。显赫闻达之人，唯恐避之不及。荒年冷月，雪中送炭的温暖，让杜甫无比感动。为表示感谢，他写诗相赠，即《移居公安敬赠卫大郎》。其中，有对自己生平的感叹，也有对卫大郎襟怀的赞赏。

卫侯不易得，余病汝知之。雅量涵高远，清襟照等夷。

平生感意气，少小爱文辞。河海由来合，风云若有期。

形容劳宇宙，质朴谢轩墀。自古幽人泣，流年壮士悲。

水烟通径草，秋露接园葵。入邑豺狼斗，伤弓鸟雀饥。

白头供宴语，乌几伴栖迟。交态遭轻薄，今朝豁所思。

除了卫大郎，杜甫在公安县还曾与著名书法家顾诫奢，以及李贺的父亲李晋肃有过往来，并都有诗相赠。不过，都是萍水相逢，刹那的天涯聚散。

秋暮，宗武生日，年迈的父亲无法给他个盛大的筵席，只是写诗《宗武生日》以作纪念。其中写道："小子何时见，高秋此日生。自从都邑语，已伴老夫名。诗是吾家事，人传世上情。熟精文选理，休觅彩衣轻。"

宗武是杜甫的幼子，杜甫曾多次在诗中提到并称赞他，在《忆幼子》诗中说："骥子春犹隔，莺歌暖正繁。别离惊节换，聪慧与谁论。"在《遣兴》中说："骥子好男儿，前年学语时：问知人客姓，诵得老夫诗。"可见，宗武自小聪慧，杜甫对他甚是喜爱，这首诗透着些许自豪。

他说，"诗是吾家事，人传世上情"。显然并非自我标榜。

从远祖杜预到祖父杜审言，家族多有名士诗人，而他自己更是以诗著称于世。因此，他勖勉宗武：诗是我家祖辈相传的事业，要继承和发扬。另外，他告诫宗武，要趁着青春年少，熟读《文选》等著作，继承父志，不要荒度时光。以老病之躯，困顿之际，他还是为儿子的生辰简单庆祝了一番。父子深情，不言而喻。

只不过，字里行间也透着些悲凉。

他自己，熟读经史，志存高远，最后不过是零落江湖。

但在儿子面前，他是笑着的。那是余生勉强堆起的笑容。

满脸皱纹，满头白发，和那个枯槁的身体，经残阳映照，成了一首诗，平平仄仄，写满风雨兼程。韵脚无声，都是沧海桑田痕迹。

冬天，杜甫曾打算前往江州，在庐山觅地隐居。这件事，在《留别公安太易沙门》一诗中有所提及。他在诗中说，"隐居欲就庐山远，丽藻初逢休上人"。还思量着，江州的梅花大概已绽放了。不过，许是路途遥远等原因，他最终放弃了前往江州的计划，而是去了洞庭湖以东的岳州（岳阳）。

离开公安县，是残冬的某个清晨，他写了首《晓发公安》。

北城击柝复欲罢，东方明星亦不迟。
邻鸡野哭如昨日，物色生态能几时。
舟楫眇然自此去，江湖远适无前期。
出门转盼已陈迹，药饵扶吾随所之。

这个清晨的出发，仍是漂泊的起点。
人在舟中，舟在江上，渺然不知何往。
此间和别处，都是流浪的地方。人生如梦。路过的，皆是他乡。
时光易逝，老病缠身，江海飘零的苦楚，少有人知。
在岳州，看到洞庭湖畔人民生活艰辛，杜甫作诗《岁晏行》。

岁云暮矣多北风，潇湘洞庭白雪中。
渔父天寒网罟冻，莫徭射雁鸣桑弓。
去年米贵阙军食，今年米贱大伤农。
高马达官厌酒肉，此辈杼轴茅茨空。

楚人重鱼不重鸟，汝休枉杀南飞鸿。

况闻处处鬻男女，割慈忍爱还租庸。

往日用钱捉私铸，今许铅锡和青铜。

刻泥为之最易得，好恶不合长相蒙。

万国城头吹画角，此曲哀怨何时终？

百姓忧乐，世间冷暖，他仍记挂在心。

多年后，虽贫苦无依，他还是那个悲天悯人的模样。

某天，他登上了神往已久的岳阳楼，凭轩远眺，面对烟波浩渺、壮阔无垠的洞庭湖，感叹造物神奇的同时，想到自己晚年漂泊无定，不禁感慨万千，写了首《登岳阳楼》。

昔闻洞庭水，今上岳阳楼。吴楚东南坼，乾坤日夜浮。

亲朋无一字，老病有孤舟。戎马关山北，凭轩涕泗流。

天地昼夜，仿佛都在洞庭湖里，浮沉摇曳。

若是年轻时，登楼赏景，对酒吟诗，该是何等快意！

可现在，他带着苍老枯瘦的自己来到了这里。一棹平湖，映出的是漂泊的凄楚，和此生怀才不遇的悲伤。尽管如此，他还在为那个残破的国家忧心着。他知道，关山以北，烽火仍未止息。凭栏遥望，不知不觉已是老泪纵横。

实际上，他自己还在漂泊。

在天涯，在孤舟上。

## 愁吟独老翁

每个人都是江湖。

有快意，有喧嚷，有飘洒，有彷徨。

人来人往，花谢花开，我们最终都会走向寂静。

多年以后，属于这江湖的故事，渐渐沉寂。纵被说起，也不过是茶余谈资。但即使如此，总有些人，因其人生足够厚重，多年后说起，人们总会带着景仰，热泪盈眶。就像杜甫，一千多年后，遥望他多蹇的人生，品读他温热的诗篇，我们仍会感动。

大历四年（769）正月，杜甫离开岳州，乘船向南前往衡州（衡阳）。此去衡州，是为了投奔多年前结识、如今为衡州刺史的韦之晋。几年前，韦之晋赴湖南任职，杜甫写诗遥寄，诗中写道"王室仍多故，苍生倚大臣。还将徐孺子，处处待高人"。显然，对这位故人，他有不低的评价和期望。

途中，他在潭州（长沙）停留了数日，期间他登临了湘江西岸的岳麓山，并将所题之诗《岳麓山道林二寺行》写在了岳麓山寺的墙壁上。半个世纪后，又有不少诗人在这面墙上题诗，他们对杜甫的文采和书法都在赞赏有加。

暮年且喜经行近，春日兼蒙暄暖扶。

飘然斑白身奚适，傍此烟霞芳可诛。

桃源人家易制度，橘洲田土仍膏腴。

潭府邑中甚淳古，太守庭内不喧呼。

昔遭衰世皆晦迹，今幸乐国养微躯。

依止老宿亦未晚，富贵功名焉足图。

久为野客寻幽惯，细学何颙免兴孤。

一重一掩吾肺腑，山鸟山花吾友于。

宋公放逐曾题壁，物色分留与老夫。

潇湘大地，人在春天里。

江平水阔，草长莺飞。风景是明丽秀美的。

只是心情，未必如风景这般明媚。老病缠身，旅途劳顿，让五十八岁的杜甫偶有赏景之心，笔下却总是凄凉。这场漫长的旅程，他写了不少诗。

他在《宿凿石浦》中写道："缺月殊未生，青灯死分翳。穷途多俊异，乱世少恩惠。鄙夫亦放荡，草草频卒岁。"在《南征》中写道："偷生长避地，适远更沾襟。老病南征日，君恩北望心。百年歌自苦，未见有知音。"在《早发》中写道："有求常百虑，斯文亦吾病。以兹朋故多，穷老驱驰并。早行篙师怠，席挂风不正。"在《过津口》中写道："物微限通塞，恻隐仁者心。瓮余不尽酒，膝有无声琴。圣贤两寂寞，眇眇独开襟。"

在船上度过了许多日子，杜甫终于来到了衡州。没想到，不久之前，韦之晋已调任潭州刺史。故友相见，把盏倾谈，自有一番暮年的情致。不过，几日后，韦之晋便离开衡州前往潭州赴任了。

大概是病患所致，杜甫在衡州停留了数月。长时间颠簸舟上，肺病、风痹、糖尿病等症并发，他不得不停下来休养。这期间，他写了《咏怀二首》。

高贤迫形势，岂暇相扶持。疲苶苟怀策，栖屑无所施。

先王实罪己，愁痛正为兹。岁月不我与，蹉跎病于斯。
夜看丰城气，回首蛟龙池。齿发已自料，意深陈苦词。

邦危坏法则，圣远益愁慕。飘飘桂水游，怅望苍梧暮。
潜鱼不衔钩，走鹿无反顾。嫩嫩幽旷心，拳拳异平素。
衣食相拘阂，朋知限流寓。风涛上春沙，千里侵江树。
逆行少吉日，时节空复度。井灶任尘埃，舟航烦数具。
牵缠加老病，琐细隘俗务。万古一死生，胡为足名数。

他说，待身体好转，要向南而行，去往岭南。

然而，暮年多病，前路茫茫。他已去不了多少地方。

事实上，他并没有前往岭南。这年夏天，他从衡州折回潭州。不幸的是，在他起程的时候，获悉韦之晋已病故。不久后，他抵达潭州。为缅怀故友，他写了《哭韦大夫之晋》，怀念旧事，感叹世事无常。

汉道中兴盛，韦经亚相传。冲融标世业，磊落映时贤。
城府深朱夏，江湖眇霁天。绮楼关树顶，飞旐泛堂前。
帝幕疑风燕，笳箫急暮蝉。兴残虚白室，迹断孝廉船。
童孺交游尽，喧卑俗事牵。老来多涕泪，情在强诗篇。
谁寄方隅理，朝难将帅权。春秋褒贬例，名器重双全。

他说，"老来多涕泪，情在强诗篇"。

人到暮年，本应择一清静之处，安度春秋。

毕竟，风雨欺凌，岁月波折，都已经历。暮色沉沉时，就该将自己交付给小径田园，莳花种草，听雨看云，一壶茶，几行诗，浅淡悠然。

如果可以，杜甫也想安度晚年。实际上，白发苍苍的他，还拖着自己久病的沉重身体，四处漂泊。许多日子，他只能在舟上度过。在潭州，他租了简陋屋舍，算是有了栖身之处。但他仍在奔走，甚至不得不摆摊卖药来维系生计。

某天，他在茶坊认识了一个名叫苏涣的年轻人，饮着茶闲聊，苏涣还将自己的诗读给杜甫听。苏涣不乏才识，而且见解不凡，杜甫对他很是欣赏。与之对坐闲谈，杜甫总会忆起那些年少轻狂的岁月。此后，他们多有往来，清茶淡酒，纵论今古。

苏涣其人，史料记载不多。只知道，他年轻时在巴蜀等地为绿林中人，善用白弩，过往商旅闻之色变。后来，他发奋读书，考中了进士。韦之晋去世后，继任潭州刺史的崔瓘曾请他做府中从事。那些年，杜甫所见之人，大都庸常俗气，苏涣的出现，使他在暮年感受到了些许快意。

这个冬天，苏涣给杜甫的生活带去了不少慰藉。但杜甫的生活仍旧艰难，他写了《蚕谷行》《朱凤行》《对雪》等诗，词句凄凉。

战哭多新鬼，愁吟独老翁。乱云低薄暮，急雪舞回风。

瓢弃尊无绿，炉存火似红。数州消息断，愁坐正书空。

愁吟独老翁。孤寂之情，清晰可见。

马戴在《灞上秋居》中写道："落叶他乡树，寒灯独夜人。空园白露滴，孤壁野僧邻。"杜甫虽不似这般孤苦伶仃，但是寄身天涯，总是凄凉滋味。

新春之日，他为宗武写诗，题为《元日示宗武》。

汝啼吾手战，吾笑汝身长。处处逢正月，迢迢滞远方。

飘零还柏酒，衰病只藜床。训喻青衿子，名惭白首郎。

赋诗犹落笔，献寿更称觞。不见江东弟，高歌泪数行。

对这个儿子，他有着很高的期望。

因此，不久之后，他再次为之写诗《又示宗武》。

觅句新知律，摊书解满床。试吟青玉案，莫羡紫罗囊。

假日从时饮，明年共我长。应须饱经术，已似爱文章。

十五男儿志，三千弟子行。曾参与游夏，达者得升堂。

尽管，他自己饱读经书，却是报国无门，暮年还要流落江湖，但他还是勉励宗武，苦读诗书，熟稔治国之策，莫要玩物丧志。

他当然知道，纵有惊世之才，也未必能为世所用。

但毕竟是诗书传家，他不允许自己的儿子疏于才学。

已是大历五年（770）春天，李龟年流落潭州。安史之乱以后，他四处漂泊，每逢良辰美景，总要吟唱几首。只是，曲调哀婉，再也没有从前的激越和明快。而且，听歌的人也由曾经的王公贵族变成了如今的市井平民。偶然的机会，杜甫听到了他的歌声，勾起了漫长的回忆。他写了首《江南逢李龟年》，不胜感慨。

小酌人海，说着飘零过往，各自泫然。

他们都老了。而开元盛世，已经零落成尘。

一场华美的梦，一段恢宏的岁月，在他们生命里掩上了门扉。

留给他们的，是夜雨江湖，残灯明灭。

寒食节，杜甫作诗《小寒食舟中作》。些许闲情中，仍是惆怅居多。

佳辰强饮食犹寒，隐几萧条戴鹖冠。
春水船如天上坐，老年花似雾中看。
娟娟戏蝶过闲幔，片片轻鸥下急湍。
云白山青万余里，愁看直北是长安。

看看他的样子：勉强进食后，靠着乌皮几，头戴褐色帽子，席地而坐，身影消瘦，目光凄凉。乌皮几（以乌羔皮蒙几上），是杜甫心爱的一张小桌几，一直带在身边，他在其他诗中还写道："乌几重重缚"，意思是乌几破旧，已缝补许多遍。但是敝帚自珍，加之生计艰难，始终不舍得丢弃。

春天如旧时明艳，他已是老眼昏花。

蝶鸥往来自由，各得其所。他却是零落天涯。

尽管如此，大唐王朝的安危，他还是一直记挂着。

北望长安，人事杳渺，蓦然间已是愁绪满怀。

## 凄凉落幕

我们从出生，就开始向这世界告别。

所有聚散离合，所有阴晴冷暖，都不过是仪式。

不知不觉，我们就跨过了那座叫作人生的桥，那头是青丝，这头是白发。桥的中央，是我们流浪的身影，风尘仆仆，百转千回。关山迢递，云水苍茫，我们终会与之作别，将往事留给岁月，或被说起，或被遗忘。

大历五年四月，潭州刺史兼湖南团练观察使被湖南兵马使臧玠所杀，潭州大乱。杜甫不得不携家小逃难，回到了衡州。他在《白马》《入衡州》两首诗中记录了这场叛乱。另外，他还写了首《逃难》，算是他对流亡生涯的总结。

五十白头翁，南北逃世难。疏布缠枯骨，奔走苦不暖。

已衰病方入，四海一涂炭。乾坤万里内，莫见容身畔。

妻孥复随我，回首共悲叹。故国莽丘墟，邻里各分散。

归路从此迷，涕尽湘江岸。

红尘万丈，几无容身之处。

故乡，在一片迷雾之中，他退无可退。

对他来说，所有行走都是流浪，所有路过都是天涯。

他欣慰，红尘辗转，历尽风雨，妻子始终在身边。她是他的妻子，更是他的知己。她懂他的喜怒哀乐，懂他作为文人的骄傲和悲苦。他不曾给她丰盈优渥的生活，但她明白他的无能为力。他的愧疚，他的怜惜，她都看在眼中。而他为生计奔波的苦楚，她更是疼在心里。所以，她选择患难相随。

爱情，就因为这样的不离不弃，而刻骨铭心。

原本，爱情的美丽，不是缠绵悱恻，不是惊天动地。

而是，相濡以沫的温情，高山流水的默契。

是悲喜交错的日子里，始终有你。

在衡州，杜甫向衡州刺史杨济推荐同样流落至此的苏涣，称其才干卓越，可以协助平定潭州叛乱。不过，杨济对年轻气盛的苏涣并无兴趣，未加起用。

不久，杜甫离开衡州，计划南下郴州，因为他的舅父崔伟在郴州任录事参军。然而，进入耒阳境内后，江水大涨，无法继续前行。他们停泊在方田驿，数日难觅食物。耒阳聂县令闻讯，以美酒佳肴相赠，杜甫写诗表示感谢，却未能即时交给聂县令。数日后，江水已落，聂县令派人寻找杜甫，却不见踪迹，以为他已溺死，便在耒阳县北建了座空坟以作纪念。

因为这座坟，后来便有了这样的传说：杜甫饿了多日，聂县令送来酒肉后，他狂食痛饮，当晚便死去了。这个传说在中唐以后流传甚广。而且，《旧唐书·杜甫传》也有这样的记载："寓居耒阳。甫尝游岳庙，为暴水所阻，旬日不得食。耒阳聂令知之，自棹舟迎甫而还。永泰二年，啖牛肉白酒，一夕而卒于耒阳，时年五十九。"

杜甫和李白，人们为他们编造了与其生平相扣的结局，李白浪漫，所以人们说，他在醉酒后探月而死；杜甫潦倒，于是人们说，他在流亡中饱餐而死。都是附会之说。

实际上，杜甫在耒阳前行不得，停留若干时日，便回到了衡州。夏末，潭州叛乱已平复，他又返回了潭州。在此期间，他写有《回棹》。

宿昔试安命，自私犹畏天。劳生系一物，为客费多年。

衡岳江湖大，蒸池疫疠偏。散才婴薄俗，有迹负前贤。

巾拂那关眼，瓶罍易满船。火云滋垢腻，冻雨裹沉绵。

强饭莼添滑，端居茗续煎。清思汉水上，凉忆岘山巅。

顺浪翻堪倚，回帆又省牵。吾家碑不昧，王氏井依然。

几杖将衰齿，茅茨寄短椽。灌园曾取适，游寺可终焉。

遂性同渔父，成名异鲁连。篱师烦尔送，朱夏及寒泉。

由这首诗可知，回到潭州后，杜甫还想过北上汉阳，甚至曾设想回到阔别多年的洛阳或者长安。可惜，病患缠身，加上囊中羞涩，他已无力回到故地。就像他在《逃难》中所写，归路从此迷，涕尽湘江岸。他注定要在湘江之畔，漂泊到最后。

最近那几年，他似乎感觉到自己将不久于人世，在写给朋友的诗里，这样的情绪时有体现。比如，在大历四年冬天所写《暮秋枉裴道州手扎，率尔遣兴，寄递呈苏涣侍御》一诗中，就有这样的句子：致君尧舜付公等，早据要津思捐躯。意思是，他已行将就木，人间时日无多，"致君尧舜上"的夙愿，只能留给朋友们替他完成了。

秋天，杜甫在潭州为李衔送行，写有《长沙送李十一衔》。

与子避地西康州，洞庭相逢十二秋。

远愧尚方曾赐履，境非吾土倦登楼。

久存胶漆应难并，一辱泥涂遂晚收。

李杜齐名真忝窃，朔云寒菊倍离忧。

西康，即同谷。当年，他们在那里相识。

转眼已是十二年。洞庭重逢，他还是漂沦落魄模样。

当年，"建安七子"之一的王粲，生逢乱世，怀才不遇，长期客居他乡，作《登楼赋》，尽管也曾慨叹："虽信美而非吾土兮，曾何足以少留！"但毕竟还常去登楼。而如今的杜甫，境况与之相似，同样的漂泊，连登楼的心情都难觅了。

末句多有争议。一般的理解是，杜甫自谦说，有愧于和李衔齐名。不过也有人认为，此处的李指的是李白，仍是杜甫自谦。刘克庄《后村诗话》言："甫、白真一行辈，而杜公云'李杜齐名真忝窃'，其忠厚如此。"

兴许，当时李衔曾以杜甫比李白，而杜甫表示愧不敢当。大约在杜甫晚年，已有李杜齐名之论。大历年间进士杨凭《赠窦牟》诗云："直用天才众却瞋，应欺李杜久为尘。"

不管怎样，在这场离别中，杜甫目光凄然。因为，李衔要去的，是杜甫念念不忘的长安。蓦然间，故国之思兴起，成了满地忧愁。而他的北归念想，在这个秋天彻底落空。尽管，他曾写《暮秋将归秦，留别湖南幕府亲友》一诗留别湖南朋友们。

水阔苍梧野，天高白帝秋。途穷那免哭，身老不禁愁。

大府才能会，诸公德业优。北归冲雨雪，谁悯敝貂裘。

这年冬天，杜甫从潭州出发，向北前往岳州。

经过洞庭湖时，风疾愈加严重，半身偏枯，卧床不起。

他写有《风疾舟中伏枕书怀三十六韵奉呈湖南亲友》，应是绝笔。

轩辕休制律，虞舜罢弹琴。尚错雄鸣管，犹伤半死心。

圣贤名古邈，羁旅病年侵。舟泊常依震，湖平早见参。

如闻马融笛，若倚仲宣襟。故国悲寒望，群云惨岁阴。

水乡霾白屋，枫岸叠青岑。郁郁冬炎瘴，濛濛雨滞淫。

......

披颜争倩倩，逸足竞駸駸。朗鉴存愚直，皇天实照临。

公孙仍恃险，侯景未生擒。书信中原阔，干戈北斗深。

畏人千里井，问俗九州箴。战血流依旧，军声动至今。

葛洪尸定解，许靖力还任。家事丹砂诀，无成涕作霖。

五十几年的人生，刹那已到了尽头。

功名事业，俱无所成，还要浪迹湖湘，他难掩悲伤。

这首诗是杜甫对自己颠沛流离生涯的总结，也可说是自挽诗。

即使生命到了最后，他仍在关心国事民生。他知道，安史之乱以来，整个大唐王朝，从长安到边境，干戈不断，民生凋敝。他也知道，大唐中兴，遥不可及。他的悲伤，更多的是为此而生。

不久之后，就在这条舟中，他萧索离世。

是大历五年（770）冬。这年，他五十九岁。

走得不声不响，就像他凄凉的人生。

突然沉默，整个世界再无声响。动乱也好，纷争也好，与他再无瓜葛。而人们，从未忘记，那些残年冷月，曾有个枯瘦身影，天涯零落，白发苍苍，还始终记挂着江山社稷和万千黎民。他的悲喜，往往不为自己。凉薄的世界里，他活得深情而慈悲。

杜甫去世后，家人无力将他的灵柩送回故里，只好安厝在岳州。直到四十三年以后，元和八年（813），他的孙子杜嗣业四处筹措资金，想尽办法，才将祖父的遗骨迁回偃师，安葬在首阳山下，杜预和杜审言的坟茔之侧，完成了杜甫魂归故里的遗愿。另外，杜嗣业还请诗人元稹为杜甫写了墓志铭。元稹对杜甫推崇有加，他在那篇墓志铭中说，历代诗人中，可与杜甫相提并论的寥寥无几。

杜甫生前，甚至是死后的若干年里，诗名都很黯淡。到中晚唐时，以元稹、白居易、韩愈为代表的一批诗人，开始极力推崇杜甫，一些诗歌选集中也有了杜诗的身影。

越到后来，杜甫的声名就越是显耀。宋代的秦观写了篇《韩愈论》，里面将杜甫与孔子相比，说杜甫的诗就像孔子的思想，是集大成的。再后来，许多文人将杜甫的诗与《论语》《孟子》等著作相提并论，认为都是儒家经典。

明代文人王稚登，在《介刻李杜诗集序》中写道："余曷敢言诗，问诸言诗者有云，供奉之诗仙，拾遗之诗圣。"他应该是第一个将杜甫称为诗圣的。再后来，专门研究杜甫的明代文人王嗣奭，在诗中写道："青莲号诗仙，我翁号诗圣"。从此以后，杜甫诗圣的称号流传至今。

只是，再多的赞誉和景仰，他都无法知晓。

正如他诗中所写："千秋万岁名，寂寞身后事。"

离了红尘，声名与崇敬，便都没了意义。

他已从人海遁出。尘世间的繁华寥落，故事里的起承转合，他都不再过问。当然，后来的人们，总不免沿着他走过的路，探寻他当时的悲喜。从故乡到异乡，从少年到白头，走着走着，年华老去，盛世凋零。

许多人，渐渐没了声响；许多事，渐渐成了陈迹。

他是枕着开元盛世的残光，走到最后的。

带着满身沧桑，他活得风骨独具。他有广阔的视野，下至庶民草木，上至家国河山。一颗心，为黎民而辗转，为社稷而忧患。他是这样，站得很低，却看得很远。于是，笔触所及，有湖山风月，更有众生苦乐，有世事的完满与残缺。人生悲凉，但也足够厚重。

一支笔，描摹天地，吟诵沧桑。

他在冷寂的时光里坐着，荒凉却不悲观，落魄却不绝望。

多年后，岁月为他立起了丰碑，无数人拜谒。

只因，那段故事千年后仍有回音。

那些诗，仍照耀着人间。

随园散人

2018 年 9 月，于神木

图书在版编目（CIP）数据

所有流浪，都是归程：杜甫传 / 随园散人著.
-- 南京：江苏凤凰文艺出版社, 2019.5
ISBN 978-7-5594-3566-8

Ⅰ.①所… Ⅱ.①随… Ⅲ.①杜甫（712-770）- 传记 Ⅳ.①K825.6

中国版本图书馆CIP数据核字(2019)第064474号

# 所有流浪，都是归程：杜甫传

随园散人 著

| | |
|---|---|
| 责任编辑 | 白　涵　刘洲原 |
| 特约编辑 | 魏　佳 |
| 装帧制作 | 小　T |
| 责任印制 | 刘　巍 |
| 出版发行 | 江苏凤凰文艺出版社 |
| 地　　址 | 南京市中央路165号，邮编21009 |
| 网　　址 | http://www.jswenyi.com |
| 印　　刷 | 北京中科印刷有限公司 |
| 开　　本 | 880×1230毫米 1/32 |
| 印　　张 | 7.75 |
| 字　　数 | 182千字 |
| 版　　次 | 2019年5月第1版　2022年7月第5次印刷 |
| 书　　号 | ISBN 978-7-5594-3566-8 |
| 定　　价 | 42.00元 |

江苏凤凰文艺版图书凡印刷、装订错误可随时向承印厂联系调换。